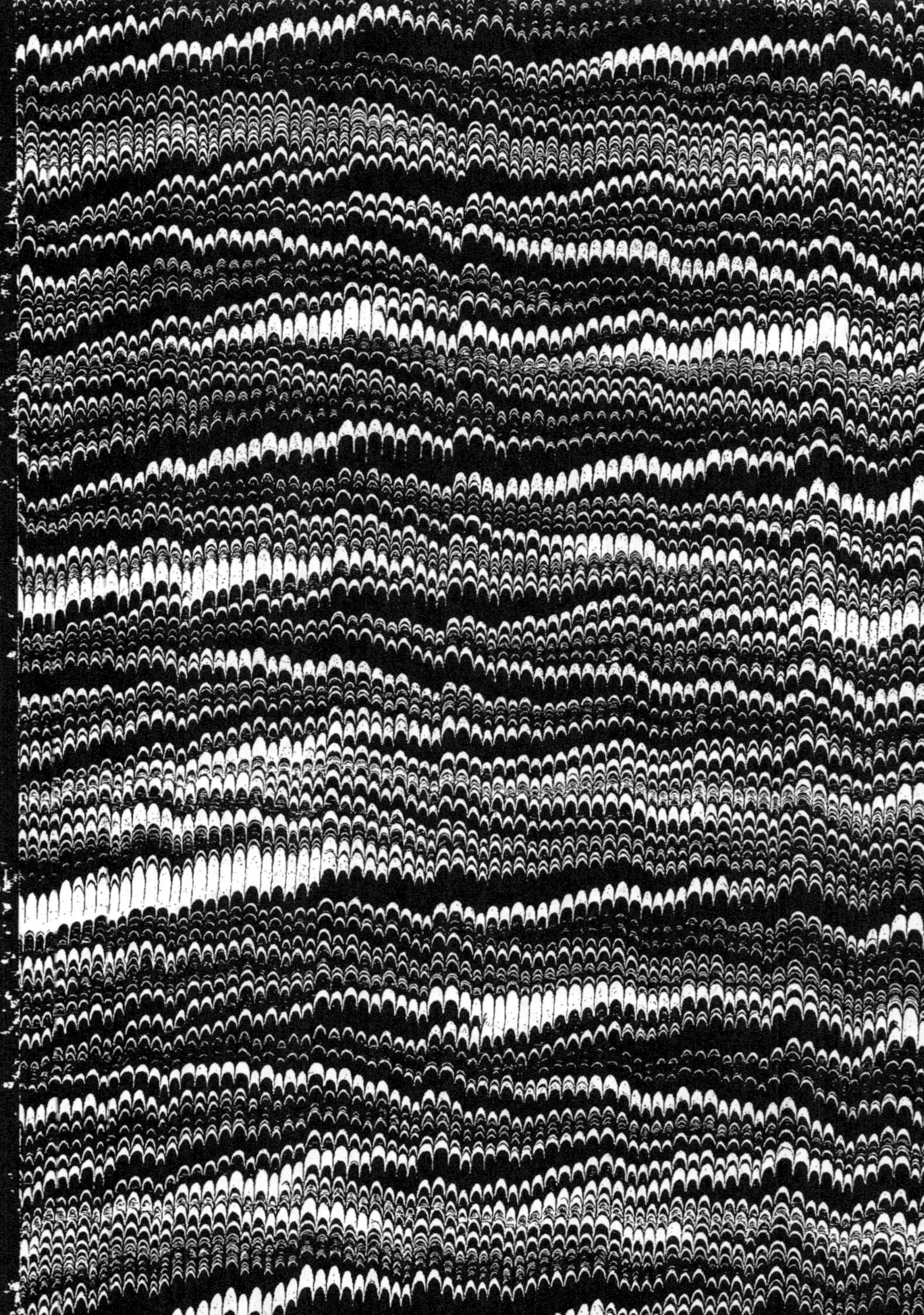

G. GOUDAREAU

Excursions

AU

JAPON

ILLUSTRÉ DE 42 DESSINS

DE NOTOR

PARIS

ALCIDE PICARD ET KAAN, ÉDITEURS

11, RUE SOUFFLOT, 11

EXCURSIONS

Au Japon

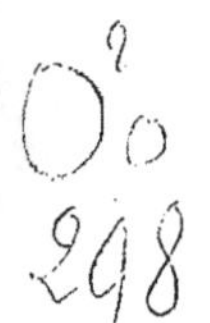

ENFANTS JAPONAIS

G. GOUDAREAU

Excursions

AU

JAPON

ILLUSTRÉ DE 42 DESSINS

DE NOTOR

PARIS

ALCIDE PICARD ET KAAN, ÉDITEURS

11, RUE SOUFFLOT, 11

INTRODUCTION

Encouragé par les sollicitations de quelques amis, je me suis décidé, après quinze années de séjour au Japon, à publier la relation des excursions que j'ai faites, à diverses époques, dans l'intérieur de ce pays encore, en majeure partie, fermé aux étrangers.

Mes publications seront divisées en deux séries : la première comprendra les voyages de plusieurs jours de durée; la deuxième, les simples promenades et les traductions d'ouvrages japonais qui me paraîtront de nature à intéresser ou à amuser le lecteur.

Depuis trente ans que j'ai quitté la France, la littérature a absorbé bien peu de mes instants; mais, si mon style n'est pas celui d'un académicien, je n'en espère pas moins que la nouveauté de mes récits ne sera pas sans charmes pour mes compatriotes, sinon pour les Japonais eux-mêmes.

PREMIÈRE PARTIE

DE YOKOHAMA A NIIGATA, PAR LA SHIMIDZEU-TOGHÉ

CHAPITRE PREMIER

De Yokohama à Mayebashi. — La sécheresse. — Le ken de Saïtama : Population, agriculture, commerce, industrie, administration.

Le jeudi 19 août, je quittais Yokohama par le train de 9 h. 45 m. du soir, pour aller coucher à Tokio, afin de pouvoir faire le plus de chemin possible pendant la journée suivante, et le lendemain matin je me trouvais à la gare d'Oueno pour y prendre le train de 5 h. 25 m. Malgré l'heure matinale, la salle d'attente était encombrée de voyageurs ; je n'aperçus pas un seul étranger dans cette foule composée de quatre ou cinq cents Japonais fuyant tous le choléra. Pendant le voyage, les progrès de l'épidémie à Tokio furent le sujet de toutes les conversations, et un très petit nombre de personnes descendirent aux stations intermédiaires de la ligne jusqu'à Takasaki.

Le trajet en chemin de fer n'offre rien de bien intéressant; je ne puis toutefois m'empêcher de constater
la sécheresse qui règne dans le pays; tous les lits des
ruisseaux ou des rivières que nous traversons depuis
le départ de la gare d'Oueno, jusqu'à l'arrivée à celle
de Mayebashi, à l'exception seule de celui de l'Arakawa,
sont tellement à sec que l'on peut se demander s'ils
ont jamais contenu une goutte d'eau.

La plupart, sinon la totalité des étrangers voyageant
sur les lignes ferrées de Takasaki ou d'Outseu-no-miya
ne se doutent guère que, peu après avoir quitté Tokio,
ils traversent tout un département assez important,
mais encore peu connu malgré sa proximité de la capitale : c'est le Ken (1) de Saïtama, dont les habitants se
sont acquis, durant ces dernières années, un certain
renom, par leurs émeutes agraires auxquelles on a cru
devoir attribuer le caractère d'insurrections politiques.
La plus sérieuse a été celle de 1884 qui nécessita des
envois de forts détachements de troupes de la garnison
de Tokio, sans parler de plusieurs centaines de policemen armés, expédiés à la hâte sur les lieux dès le début
des troubles. Cette émeute ne fut réprimée qu'après des
engagements assez graves et dans lesquels on compta
des tués et des blessés de part et d'autre. Un nombre
considérable d'insurgés passèrent en jugement; les principaux chefs ou meneurs furent condamnés les uns à la
prison, les autres à la peine capitale ; la sentence de quelques-uns de ces derniers n'a reçu son exécution que tout
récemment.

Le chef-lieu de ce département est Ourawa, troisième
station du chemin de fer du Nord, en partant de la gare

(1) En terme de division administrative, le mot *Ken* signifie département ou
préfecture.

d'Oueno (Tokio). Cette petite ville, dont la population ne dépasse pas 10 000 habitants, a été choisie pour siège de la préfecture en raison de sa situation dans la plaine et sur le *Nakasendo* (1); au détriment de Kawagoye, centre plus commercial et plus important, mais qui se trouve dans les collines et à 7 ou 8 ri sur la droite de cette grande voie de communication.

Les principales récoltes du ken de Saïtama sont le thé, la soie et le riz.

Il est plus que difficile de se procurer des statistiques annuelles d'une certaine exactitude; il m'a été cependant possible d'obtenir, en passant, quelques renseignements sur la population, l'agriculture, le commerce, l'industrie et l'administration de cette partie du Japon; les chiffres donnés ci-après se rapportent à la fin de l'année 1883; mais, vu la source où ils ont été puisés, ils peuvent être considérés comme à peu près officiels.

La population totale du département de Saïtama était alors de 984 623 habitants.

Les terres cultivées couvraient une superficie de 163 491 tchios (2), dont 65 990 en rizières produisant annuellement 910 000 kokous (3) de riz.

Les autres produits principaux atteignaient les chiffres ci-après :

Thé 297 647 kwammés (4); soie 67 592 kwammés; cocons 69 332 kokous (5).

(1) Grande route de l'intérieur.

(2) Environ 162 134 hectares, le tchio valant un peu moins d'un hectare, exactement : 99 ares 17 centiares.

(3) 135 000 tonnes de 1000 kilogrammes, 1 kokou valant 150 kilogr. 260.

(4) 1 kwammé = 3 kilogr. 756 grammes 521. Voir, d'ailleurs, le tableau des mesures japonaises à la fin de ce volume.

(5) Il s'agit ici du kokou comme mesure de capacité, équivalant à 180 litres environ, et non de poids.

L'industrie la plus importante de ce ken est, sans contredit, celle de la soie. Les petits propriétaires, en général, filent leurs cocons chez eux, et l'on rencontre même des métiers à tisser dans toutes les parties du Japon; mais le nombre des filatures à l'européenne s'accroît chaque année, et il s'en trouve d'assez importantes aux environs de toutes les grandes villes des provinces séricicoles. En raison du bas prix de la main d'œuvre, la fabrication des tissus ne fait pas des progrès aussi rapides en apparence que la filature; mais il ne faut pas se dissimuler que sa production augmente aussi tous les jours; on peut voir à peu près partout dans les principales fermes des métiers copiés sur ceux du système Jacquart.

Après l'industrie de la soie vient celle des liqueurs fermentées; on ne compte pas moins de 567 distilleries de *saké* ou eau-de-vie de riz dans le Saïtama-ken.

Le nombre de maisons s'occupant de commerce était au 31 décembre 1883 de 31 768. Ce total se divisait comme suit, pour les principales spécialités :

Soies grèges.	1 421	maisons
Soies ouvrées.	1 172	—
Cocons, déchets et graines de vers à soie. . . .	408	—
Céréales, thé, etc. . . .	2 209	—
Liqueurs.	3 865	—

Il existait en outre 59 compagnies industrielles ou commerciales, dont les capitaux réunis s'élevaient à 150 073 yen (1); 13 d'entre elles s'occupaient exclusivement du commerce des soies.

(1) Le yen équivalant au dollar mexicain, dont le cours actuel est de 4 fr. 20.

Le principal établissement de crédit est la quatre-vingt-cinquième banque nationale ayant son siège à Koumagaï, fonctionnant avec un capital de 200 000 yen, et une émission de 160 000 yen de billets.

Les impôts de toute nature payés par la population de ce département s'élevaient pour l'année fiscale à 2 015 760 yen et 48 sen.

Il ne me reste que quelques mots à ajouter sur la composition de l'administration locale; cette partie de mon récit offrira peut-être bien peu d'intérêt au lecteur; mais on a reproché si souvent au Japon d'imiter la bureaucratie française en multipliant le nombre des employés, que je ne crois mieux faire, pour prouver combien ce reproche est mal fondé, que de citer, ne serait-ce même qu'à simple titre de curiosité, les chiffres qui m'ont été obligeamment fournis sur ce sujet.

La population du ken de Saïtama, ainsi qu'il a été dit précédemment, est d'environ 1 million d'habitants; le nombre des fonctionnaires civils de toutes classes n'est que de 1 042; la police de tout le département est faite par 667 officiers ou agents relevant de 30 stations.

La justice est rendue par deux tribunaux de première instance : l'un à Ourawa; l'autre à Koumagaï, relevant de la Cour d'appel de Tokio.

Les principaux établissements publics en dehors des bureaux de l'administration comprennent huit hôpitaux et six prisons ou bagnes.

Le service des postes, dont la complète organisation à l'européenne ne remonte qu'à quelques années, comprend 72 bureaux et 1 276 boîtes aux lettres.

Enfin ce département est divisé en dix-huit arron-

dissements administratifs; mais, comme dans tous les
autres ken du Japon, on n'a point procédé encore à
la création des sous-préfectures, le besoin ne s'en faisant
d'ailleurs nullement sentir.

CHAPITRE II

**Mayebashi. — Restaurant San-tchio. — Le Hirosé-gawa. —
Les bords du Tonegawa. — Route nouvelle, pittoresque et
dangereuse. — La pêche aux flambeaux.**

En arrivant en gare de Takasaki, nous voyons s'effectuer trois départs presque simultanément : à notre gauche, celui de Yokogawa; à droite et dans la direction
opposée, celui du train qui part pour Tokio; puis, le
nôtre qui continue sa course sur Mayebashi.

Nous arrivons à cette dernière station à 10 h. 10 m.
La gare est située assez loin de la ville, et, si l'on est
pressé, il convient de prendre des djinrikishia (1).

Pour moi, ce qui importe le plus en ce moment, c'est
de déjeuner, et, ayant passé près de cinq heures assis,
je suis bien aise de marcher un peu. Nous nous mettons
donc en route, à pied, malgré les obsessions des traî-

(1) *Djinriki* ou *djinrikishia*, petite voiture à bras; le mot s'emploie indistinctement tant pour le véhicule que pour les hommes qui le traînent ou qui le
poussent.

neurs de djinrikishia; nous traversons sur un beau pont
le Tonégawa, dont la branche de gauche roule encore
un volume d'eau assez considérable, et nous arrivons,
après une demi-heure de promenade, au restaurant
San-tchio (1), le plus renommé de la ville.

Je trouve ici un très bon déjeuner, à l'européenne
et à la carte, et pas du tout à l'anglaise, ce qui est assez
rare dans l'intérieur du pays. C'est donc une occasion
pour moi d'économiser un repas sur les vivres que j'ai
emportés pour le voyage : je note l'endroit comme pouvant servir au besoin de point de ravitaillement. Le
café est bien préparé et d'une qualité au-dessus de l'ordinaire; je ne dois pas oublier de signaler les pommes
que l'on nous a servies au dessert : énormes, sucrées,
délicieuses, elles sont bien supérieures à celles qui arrivent d'Amérique. Il y en a de deux sortes : les jaunes
et les vertes, toutes excellentes d'ailleurs. Elles viennent,
me dit-on, de Niigata; j'en prends pour mon voyage une
demi-douzaine qui me coûte dollar 0. 35 (1 fr. 40).

Le restaurant est construit sur un exhaussement avec
un petit jardin en façade; et de la vérandah de la salle
à manger assez vaste, située au premier étage, on jouit
d'un superbe panorama.

On aperçoit à l'horizon : les pics de Harouna au nord-
ouest, d'Akaghi au nord-est, de Mioghi-san et Djiizo à
l'ouest, et d'autres dont je ne puis déterminer les noms.

Je n'entreprendrai pas de décrire la ville, ne l'ayant
point parcourue, je me bornerai à remarquer que ses
habitants me paraissent à leur aise; on y voit de la
verdure partout, chaque maison, pour ainsi dire, ayant
son jardin, plus ou moins grand, tout planté d'arbres.

(1) *San-tchio* signifie trois sortes : ce restaurant servant à la japonaise, à la
chinoise et à l'européenne, au choix des clients.

On entend de côté et d'autre le bruit des métiers
à filer et à tisser la soie.

Je ne dois pas manquer de noter ici une observation
des plus importantes pour les étrangers qui, comme

Pont sur le Tonegawa. (D'après une photographie.)

moi, ne s'accommodent pas de la nourriture japonaise;
dans toutes les grandes villes de l'intérieur en général,
ainsi que j'ai pu le constater à Outseunomiya, Takasaki,
Mayebashi, Niigata, Zenkodgi (Nagano) et Ouéda, on
trouve au moins un restaurant, souvent assez bien tenu,
avec cuisine à l'européenne, il arrive même quelquefois

que ces établissements sont à l'usage exclusif du gouverneur et des officiers de la préfecture, mais on ne
fait généralement pas de difficultés pour y recevoir les
étrangers de passage, surtout en dehors des heures de
la clientèle officielle.

Nous partons de Mayebashi, en voiture, à midi; je
suis tenté de dire qu'en nous enfonçant dans l'intérieur,
nous constatons, à plusieurs points de vue, que la
civilisation s'arrête, mais que l'exploitation commence;
le voyageur étranger est considéré comme une véritable
proie par tous les indigènes qui l'approchent.

C'est peut-être à cette manière de procéder qu'il faut
attribuer la sûreté des routes de montagnes, souvent
complètement désertes : il n'y a pas, en effet, de détrous-
seurs de grand chemin; les Japonais vous ayant assez
dévalisé chez eux, n'ont plus besoin d'avoir recours
aux moyens violents.

J'ai dû toutefois modifier mon opinion, en changeant
de province, mais les faits que j'ai à signaler, dans le
ken de Goumma (province de Kodzeuké) n'en existent
pas moins et n'en prennent que plus de force.

La distance à parcourir de Mayebashi à Youbisso
est d'un peu plus de 15 ri; au tarif réglementaire de
5 sen par ri (1), cela fait 0 fr. 75 pour une place; mais
ce prix, paraît-il, n'est applicable qu'aux naturels du
pays; un étranger n'est admis qu'en payant le double
ou le triple du tarif, et pour peu qu'il ait des bagages,
on lui comptera deux places au lieu d'une; et cela
n'empêchera pas le conducteur de remplir sa voiture,
de sorte que si elle est de six places, un seul voyageur
lui rapporte autant, sinon plus, que les cinq autres.

---

(1) Le ri équivaut à 3927^m,27, c'est donc presque notre lieue de poste.

En sortant de Mayebashi, la route remonte, sur sa
rive gauche, une jolie petite rivière qui forme un
contraste frappant avec toutes celles que nous avons

ENTRÉE DU TEMPLE DE MYODJIN, A MAYEBASHI.
(D'après une photographie.)

aperçues jusqu'ici. Le Hirose-gawa, d'une largeur uni-
forme d'environ 8 à 10 mètres, coule ou plutôt se
précipite à pleins bords; de distance en distance des
barrages en pierres, formant des petites chutes, indiquent les points de prises d'eau des ruisseaux destinés

à l'irrigation des rizières qui s'étendent au loin sur les deux rives. Plus de gravier nu, partout on ne voit qu'eau et verdure.

Les paysans sont occupés à la deuxième récolte de la soie ; ce qu'il y a de plus frappant c'est la différence dans les progrès de l'éducation des vers bivoltins ; tandis que nous en voyons d'à peine éclos, d'autres, tout à côté, sont déjà à leur troisième mue ; d'autres, un peu plus loin, vont monter incessamment ; et même devant quelques fermes, nous remarquons déjà les petits cocons blancs étendus sur des claies au soleil.

Nous traversons le village de Tagoutchi (entrée des rizières), qui tire sans doute son nom des champs de riz qui l'entourent, et, passant sur la rive droite de Hirose-gawa, nous ne tardons pas à atteindre les bords du Tonegawa au lit pierreux et en partie à sec. La route longe des collines dénudées jusqu'au pont de bateaux de Handa que nous atteignons bientôt. Sur l'autre rive, elle s'écarte peu à peu du fleuve que nous ne tardons pas à perdre de vue ; elle gravit, çà et là, quelques collines de peu de hauteur, et est parfois sablonneuse, étroite, laissant à peine le passage pour une voiture. Nous arrivons à Shiboukawa à 2 h. 40 m. ; puis après avoir changé de voiture et de chevaux, nous continuons notre voyage. La route est en pente assez rapide ; nous la gravissons bon train ; on aperçoit sur la gauche les montagnes d'Ikao, que nous contournons à une grande distance. Nous reprenons bientôt la vallée du Tonegawa, traversant les villages de Shiroï et de Kami-Shiroï, ce dernier est composé d'une suite interminable de petites fermes. Le fleuve, au fond de la vallée, ne nous apparaît que dans ses détours, restant le plus souvent masqué par les arbres et les habitations.

Pont de Handa, sur le Tonegawa. (D'après une photographie.)

La route, qui serpente à mi-côte, a été reconstruite
depuis peu de temps; elle est parfaitement carrossable.
Après Kami-Shiroï, elle descend vers le fleuve que nous
traversons à Yadobashi, pour continuer à le remonter
sur sa rive gauche.

La contrée devient de plus en plus pittoresque; nous
n'avons plus sous les yeux que de véritables paysages
suisses, en miniature. Dans les intervalles des villages,
les habitations se font rares et les sites prennent souvent
des aspects sauvages. Le lit du Tonegawa est parfois
encaissé entre des rochers taillés à pic; la route, coupée
sur le penchant des collines, présente presque sur tout
son parcours, d'un côté, un précipice continu dont les
parapets sont souvent éboulés; de l'autre, des amas de
sable et de roches, presque perpendiculaires, menaçant
à chaque instant d'écraser les passants.

Ayant traversé le Tonegawa sur un deuxième pont
en planches, nous gravissons de nouveau les collines
à une hauteur de 30 mètres environ au-dessus de son
lit, et, passant par un tunnel de 15 à 20 mètres de longueur, nous continuons par une autre vallée.

Un peu avant Togano, nous reprenons les bords du
fleuve, mais nous ne passons pas sur le beau pont
décrit dans le *Guide de Satow* (1), nous changeons de
voiture à la maison située à la tête même de ce pont
et nous continuons à suivre la rive droite pendant
près d'une demi-heure encore, pour reprendre ensuite
la rive gauche.

Noumata, perché sur une colline, de l'autre côté du
fleuve, est laissé sur notre droite à près d'un demi-ri

(1) E. M. Satow and A. G. L. Hawes's *Handboock for central and northen Japan*,
ouvrage indispensable aux voyageurs au Japon, le seul guide complet qui ait
paru jusqu'à ce jour.

de distance. Pendant assez longtemps nous voyageons presque en plaine, et traversons les villages de Hondà et de Maniwa ou Mandokoro, puis de Go-oka (que les naturels du pays appellent par abréviation Gôkam, de Go-oka-moura), nous arrivons, à la nuit, à Shimo-mokou. La vallée, couverte de rizières dans la dernière partie que nous venons de parcourir, se rétrécit maintenant de plus en plus, et la route, avec ses escarpements à droite et son précipice continu à gauche dont le fond est le lit du fleuve, n'est pas sans danger par l'obscurité qui commence à se faire. Bientôt la nuit est complètement noire; le cocher descend de voiture et, aidé du betto (1), conduit les chevaux par la bride; nous marchons au petit pas et complètement à tâtons; aussi les deux dernières heures du trajet nous paraissent-elles interminables. Mais que faire? aller à pied? on n'y voit pas à deux pas devant soi; autant s'en rapporter à nos conducteurs et se tenir prêts à sauter du côté des collines au moindre mouvement d'inclinaison du véhicule vers la gauche.

Nous perdons ainsi le coup d'œil de sites sauvages plus imposants peut-être que ceux que nous avons aperçus jusqu'ici; mais, par compensation, nous nous trouvons tout à coup, au milieu de cette nuit noire, en présence d'un phénomène dont l'explication se fait attendre un moment. Les collines sur la rive droite du fleuve, en face de nous, se couvrent à intervalles irréguliers de reflets bizarres qui se répètent au loin dans les nuages; on dirait, à s'y méprendre, des jets de lumière électrique. C'est la pêche aux flambeaux qui a lieu à 40 mètres au-dessous de nous; la lueur des torches, frappant sur

---

(1) Palefrenier japonais qui d'habitude court en avant des chevaux.

VALLÉE DU TONEGAWA. (D'après une photographie.)

les roches à pic, est reflétée par de larges espaces humides
et dans différentes directions suivant l'inclinaison des
contours et des pentes et les angles d'incidence des
rayons lumineux; les espaces couverts de végétation
restent complètement noirs, et ces alternatives d'ombre
et de lumière, sur des surfaces qui paraissent se mou-
voir, produisent réellement un effet magique; un moment même nous oublions les dangers de la route.

Enfin, nous avons traversé Kami-mokou, et nous
atteignons Youbara; il est trop tard et nous jugeons
imprudent et inutile de pousser jusqu'à Youbisso, village
situé à 1 ri et demi plus loin et où s'arrête le service des
voitures.

La nouvelle route, dans la plus grande partie de son
parcours, suit un tracé tout différent de celui de l'ancienne; tandis que l'une, dans certains endroits, remonte
la rive gauche du fleuve, l'autre, au contraire, se continue sur la rive droite et réciproquement. Aussi, dans
le passage le plus resserré de la vallée, nous apercevions
très distinctement, sur le bord opposé à celui que nous
suivions, le vieux chemin ou plutôt le sentier décrit dans
le *Guide de Satow*, chemin abandonné aujourd'hui et en
certains endroits complètement envahi par la végétation;
nous avons même vu en passant l'entrée et la sortie du
petit tunnel creusé à un tournant de la colline, mais
nous n'avons pu distinguer aucune trace de la plate-
forme en bois qui autrefois y faisait suite.

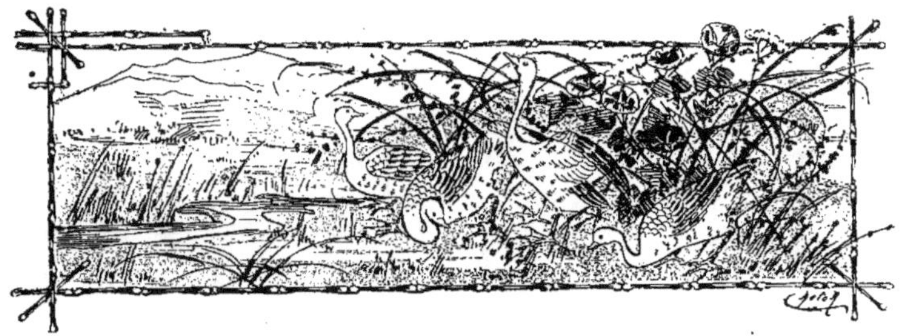

CHAPITRE III

Naméda-no-dôzan, mine d'or récemment découverte. — Youbara. — La piscine communale. — Les extorsions japonaises. — Réflexions sur la pluie et le beau temps.

A mi-chemin entre Kami-mokou et Youbara, la route contourne une chaîne de collines présentant deux pics assez élevés et de forme à peu près identique, séparés dans le haut par une selle; on aperçoit çà et là, sur les pentes, de larges plaques rougeâtres.

L'endroit, me dit-on, s'appelle le Naméda-no-dôzan. Une mine d'or y a été découverte dernièrement, mais l'exploitation n'a guère commencé que depuis deux mois à peine. Les constructions, bureaux, etc., sont situés à environ 1 ri de Youbara, la mine proprement dite se trouve à encore 1 ri plus loin. Les gens du pays croient qu'elle donne des résultats satisfaisants; l'un d'eux va même jusqu'à fixer un chiffre et me dit que le rendement des deux mois a atteint 48 kwammés (180 kilogr. 313 grammes, soit une valeur d'environ 541 000 francs). Je considère ce renseignement comme purement fantaisiste et ne le reproduis ici que sous toutes réserves et pour cause : d'abord, quand il s'agit de quantités, les Japonais sont toujours enclins à l'exagération, ensuite il me paraît peu croyable que ces campagnards soient dans les secrets des dieux ou dans ceux de l'État, et enfin, en admettant même que les caisses sorties de la mine et dont ils ont effectué le transport aient été du poids indiqué ci-dessus, rien ne prouve que leur contenu fût composé exclusivement d'or pur ; il est plutôt probable qu'elles renfermaient des échantillons de minerai brut envoyés à l'analyse à Tokio. Le seul fait qui me paraît indiscutable et sur lequel s'accordent tous les renseignements, c'est qu'il existe dans cet endroit une mine d'or, découverte et exploitée depuis très peu de temps.

Au lieu de dire Youbara, j'aurais dû dire plus exactement, à Kobinata-moura (1), car, tel est le nom du village où nous nous arrêtons. Celui de Youbara est situé sur la rive droite du fleuve, en face et à peine à 300 mètres d'ici ; il est, d'ailleurs, en partie dépeuplé et ne renferme plus guère que les piscines et quelques maisons de paysans ; les hôtelleries et les autres principales constructions ont été transportées sur la rive gauche, le long de la nouvelle route.

Nous sommes descendus chez Outchidaya, la seule auberge désignée dans le *Guide* et la première à l'entrée du village ; elle est assez pauvre et n'a que cinq chambres au premier étage, ou plutôt cinq cabines, dont la plus grande ne me paraît pas renfermer plus de six tatamis (2). L'établissement voisin, en apparence

---

(1) Le mot *moura* que l'on rencontre souvent comme terminaison d'un nom propre signifie simplement *village*.

(2) On appelle *tatamis* des nattes rembourrées de paille ayant chacune 1ᵐ80 de

moins ancien, me semble beaucoup plus confortable.

La fatigue du voyage et surtout la poussière dont nous avons été couverts pendant la plus grande partie du trajet, m'engagent, malgré l'heure avancée, à demander un bain.

BAIGNOIRE COMMUNALE DE KOBINATA-MOURA. (D'après une photographie.)

L'hôtelière, munie d'une lanterne, me fait traverser la route, nous descendons par un sentier, en pente douce, jusqu'à un pont en planches d'environ 20 mètres de longueur, et à peu près de pareille hauteur au-dessus du fleuve, dont le lit apparaît dans le fond du ravin, pas

long, sur 0^m.90 de large et 0^m.05 d'épaisseur; ces nattes juxtaposées forment invariablement le tapis indispensable de toutes les pièces d'une maison japonaise riche ou pauvre.

plus large que celui d'un ruisseau ; les rives boisées
s'inclinent sur chaque bord d'une manière symétrique
comme les parois d'un entonnoir. La première piscine,
à quelques pas du pont, n'est guère à plus de 150 mètres
de l'hôtel. Placée sous un hangar, fermé sur trois faces
et complètement ouvert sur la quatrième, elle consiste
en un bassin carré, construit en planches, et ayant de
12 à 15 pieds de côté ; elle est subdivisée par des cloisons,
s'élevant à 1 pouce au-dessus du niveau de l'eau, en
quatre compartiments égaux. Peu habitué à la trop
grande chaleur des bains japonais, je m'aperçois avec
plaisir que dans chacun de ces compartiments l'eau
se maintient à une température différente : dans l'un,
elle est presque bouillante ; à peu près tiède, dans celui
placé en diagonale par rapport au premier, elle est à
des degrés intermédiaires dans les deux autres.

Ne croyez pas que je me trouve seul dans cette grande
baignoire ; je suis en compagnie de trente-cinq à quarante Japonais, hommes et femmes ; enfants des deux
sexes et de tout âge s'ébattent à qui mieux mieux ; les
jeunes filles se font frotter le dos par les jeunes garçons,
tout se passe en famille et chacun est à son aise. Je crois
fort que je prends mon bain avec toute la population du
village ; il ne me semble pas qu'il y ait des baigneurs de
passage ; tout le monde paraît se connaître depuis longtemps et se bien porter, et il n'y a rien qui offusque les
yeux ou l'odorat, ce qui n'est pas souvent le cas dans
les villes d'eaux, comme à Ashi-no-you par exemple ;
d'ailleurs, l'eau, quoique sulfureuse, l'est à un degré
bien moindre que celle de cette dernière station thermale.

J'étais bien surpris de voir, tout le long de la route,
en traversant les endroits habités, les enfants se presser

en foule sur mon passage. Ils s'appelaient entre eux pour
voir le to-dgin (1). Mon entrée au bain, dans le costume
le plus primitif, mes pérégrinations dans les quatre compartiments où j'étais obligé, à chaque changement, de
me faire faire place, n'ont pas produit la plus petite
impression; les jeunes filles continuent à frotter ou à
se faire frotter comme si de rien n'était, les enfants à
s'ébattre et les vieux à causer en fumant leurs pipes,
assis sur les bords de la piscine, les jambes dans l'eau.
Personne ne manifeste le moindre étonnement et, en
somme, le seul étonné c'est moi. M'aurait-on pris pour
un Japonais? C'est peu probable et l'on saura bien me
traiter comme un étranger, quand il s'agira de solder
mon compte.

Je m'endors tant bien que mal vers minuit, sans
avoir pu rien conclure avec les djinriki, qui deman-
dent 4 yen et demi pour une voiture à deux hommes
d'ici à Shimidzeu, et après avoir reçu la visite de l'hôtelier
qui a copié mon passeport d'un bout à l'autre. Ce faux
bonhomme me dit qu'il ne sait pas combien il doit me
faire payer ma chambre; et qu'il a entendu dire partout
que les étrangers devaient payer beaucoup plus cher
que les Japonais. Je lui réponds qu'ayant un passeport
japonais, je devrais être traité comme les gens du pays.

Mon homme ne paraissant pas satisfait, j'ajoute que
les endroits où l'on paie le plus cher sont les villes
d'eau où l'on compte 0 y. 50 par jour aux Européens
et que je ne paierai pas davantage. Il ne répond pas,
mais paraît acquiescer, et nous nous souhaitons mutuellement une bonne nuit.

Le lendemain, à 5 heures du matin, tout le monde

(1) Expression employée pour désigner un étranger, et qui avant l'arrivée
des Européens s'appliquait plus spécialement aux Chinois.

est debout. Je demande ma note, l'hôte me l'apporte bientôt et s'empresse de m'annoncer que son voisin, hôtelier comme lui, a reçu deux ou trois fois des étrangers et qu'il a toujours fait payer 1 yen à chacun, que, par conséquent, il doit se conformer à cet usage. Je lui fais observer que nous étions convenus de 0 y. 50 et que, dans tous les cas, pour faire cesser toute discussion et aussi mettre fin à ce désaccord, je m'en rapporterai à ce que décideront les autorités de l'endroit, la police notamment. Il me dit qu'il n'y a pas de police dans un rayon de 6 ri, et que, précisément pour ne pas être en contravention, l'on doit envoyer la copie de mon passeport à la station de Noumata, par un exprès, ce qui coûtera 40 sen; cette dépense, réelle ou non, est, à ma demande, portée sur la note de l'hôtel, et je n'ai plus à discuter, mais je fais mes réserves.

Ces bons Japonais n'ont pas encore étudié l'économie politique, ils préfèrent gagner beaucoup sur une seule affaire que de gagner peu sur chacune et d'en faire beaucoup, ils ne s'aperçoivent pas qu'ils nuisent ainsi à leurs intérêts. En effet si un étranger est obligé de dépenser 100 dollars pour un voyage qui n'en coûte que 15 à un Japonais, il ne se décidera que difficilement à faire une excursion aussi dispendieuse; et comme le plus grand nombre ne peuvent se permettre une dépense pareille, les hôteliers, voituriers et autres y perdent. Mais il est inutile de chercher à discuter avec ces gens-là, lors même qu'il y aurait intérêt pour eux. Il n'y a, selon moi, qu'un moyen de les mettre à la raison : c'est que le gouvernement établisse des tarifs obligatoires pour chaque province, sinon pour tout le pays, chacun restant nécessairement libre de travailler au-dessous des prix fixés.

DJINRIKI A DEUX TRAINEURS. (D'après une photographie.)

Avant de me remettre en route, je dois jeter un coup d'œil sur les sites qui m'entourent.

Le bas de la vallée est complètement dégagé jusqu'à quelques mètres au-dessus des maisons; les collines et les montagnes sont cachées par un épais brouillard ayant toute l'apparence de nuages; les avis des naturels sont partagés, les uns croient au beau temps, les autres, plus nombreux, croient à la pluie.

Je me trouve fort indécis : Niigata est encore bien loin, et j'ai toute une journée à voyager dans des montagnes presque désertes. Ne ferai-je pas mieux de retourner sur mes pas, et d'aller me reposer tranquillement, pendant quelques jours, à Ikao? C'est l'opinion du voiturier, qui ne demande qu'à remplir sa bourse. Je fais toutes mes réflexions à haute voix; l'hôte, de son côté, m'engage à rester un jour de plus chez lui, j'irais visiter la mine; mais il ne peut m'assurer que l'on consente à me la laisser voir.

Je me soucie peu d'aller, sans aucun résultat, courir la montagne par la pluie ou le brouillard, et encore moins de rester dans un endroit où l'on a beaucoup plus d'égards pour ma monnaie que pour ma personne. Je les remercie donc tous les deux de leurs avis intéressés.

Un proverbe maritime me revient alors à la mémoire, les rimes n'en sont pas riches, mais le pronostic en est assez sûr :

> Brouillard dans la vallée,
> Pêcheur, fais ta journée;
> Brouillard sur le mont,
> Reste à la maison.

Mais je me rappelle en même temps qu'au Japon les choses ne se passent pas toujours comme en France et que, le plus souvent, c'est tout à fait l'opposé qu'il faut croire; c'est ce que je fais en cette occasion; il pleuvrait chez nous, donc il fera beau temps ici, et je me décide à continuer ma route.

Dans l'intervalle, les djinriki ont réduit leurs prétentions de 4 yen et demi à 3 yen; je suis convaincu que c'est encore le double du prix que paie d'habitude un Japonais, mais je m'y résigne; il me serait difficile de faire autrement; parcourant cette route pour la première fois, je n'ose me risquer à l'entreprendre à pied. Nous quittons Kobinata (Youbara) à 6 heures.

CHAPITRE IV

**Je continue ma route. — Solitude. — Ascension de la passe
de Shimid eu.**

Environ vingt minutes après notre départ, nous
prenons la rive droite du Tonegawa, en passant sur un
beau pont en granit, fait d'une seule arche, ayant tout
au plus 6 mètres d'ouverture; le fleuve, resserré entre
des roches presque à pic, coule à 15 mètres au-dessous;
le pont a pour culée, à gauche, un promontoire avancé
qui semble continuer la courbure de sa voûte.

Le chemin est beau et les pentes en sont douces;
nous atteignons bientôt l'embouchure du Youbissogawa, rivière que nous traversons sur un pont en
planches, pour la remonter sur sa rive gauche, abandonnant, cette fois pour ne plus la reprendre, la vallée
du Tonegawa.

Youbisso, où nous arrivons à 7 heures, me paraît
plus important et plus prospère que Youbara; les djin-

riki y sont en nombre, et ce n'est qu'ici que nous pouvons compléter à deux hommes par voiture.

La pente devient un peu plus forte; nos traîneurs cependant peuvent courir pendant une bonne partie du trajet, jusqu'à Dohaï que nous atteignons une heure après avoir quitté Youbisso. Il n'y a que deux maisons ou plutôt deux cabanes à cette halte; et, d'ici à Shirakappa, c'est-à-dire au sommet de la passe, l'on ne rencontre plus aucune habitation. Aussi nos hommes s'empressent-ils de prendre un peu de nourriture et d'acheter quelques petites provisions, entre autres des sandales de rechange ou waradgi.

Autant que j'ai pu en juger par la suite, si l'on se sent assez dispos pour accomplir sept ou huit heures de marche, au pas ordinaire, il serait préférable de quitter les djinriki à Dohaï et d'effectuer la route à pied jusqu'à Shimidzeu; car, c'est ici, à proprement parler, que l'ascension commence; et même avec deux hommes, il ne faut guère compter marcher autrement qu'au pas, sauf dans quelques rares détours, à la montée et dans la dernière partie de la descente.

En quittant Dohaï, nous traversons de nouveau, sur un pont en bois, de construction récente et assez élevé, le Youbissogawa que nous ne tarderons pas à perdre de vue.

La route, dont la largeur varie entre 2 et 3 ken (1), est parfaitement carrossable sur tout son parcours, mais nous n'y rencontrons ni voitures ni djinriki; à peine avons-nous croisé deux ou trois chevaux portant des provisions et du bois à brûler. La route monte constamment en zigzags le long des collines, et

(1) Le ken équivaut à 1m,80.

parfois l'on aperçoit sept ou huit lacets de longueur à peu près égale exactement superposés. Çà et là, des raccourcis ont été ménagés pour les piétons; ce sont des escaliers dont les marches, composées de piquets maintenant des planches ou le plus souvent des branches d'arbres jetées en travers, se trouvent déjà, en partie, démolies par les avalanches de l'hiver précédent. En les gravissant sur un parcours de 50 à 60 mètres, coupant plusieurs fois la nouvelle route, nous voyons passer et repasser au-dessous de nous nos djinriki, qui, forcés de suivre cette dernière, accomplissent un trajet sept ou huit fois plus long que celui que nous venons de faire à pied.

Pour gravir et descendre la passe de Youbisso à Shimidzeu, il faut parcourir plus de 40 kilomètres, et sur les neuf dixièmes de cette distance la construction de la route a présenté des difficultés considérables; aussi, le chiffre de 300 000 yen (1) que l'on me dit avoir été dépensés pour son achèvement ne me paraît pas exagéré, même en tenant compte du bas prix de la main-d'œuvre au Japon; c'est un des travaux les plus importants de notre époque dans ce pays.

Sur le bord extérieur, un mur en pierres sèches, presque sans discontinuité, soutient les terrassements; des parapets, le plus souvent peu élevés, protègent contre le précipice continu formé par les pentes abruptes des vallons; sur le bord opposé, ce sont les collines successives qu'on a dû tailler presque sur toute la longueur. En maints endroits, des éboulements se produisent, et les réparations, surtout après la saison d'hiver, doivent atteindre un chiffre relativement fort élevé.

(1) Environ 1 300 000 francs.

Nous passons. devant plusieurs maisons abandonnées, adossées aux collines; ce sont les anciens logements des ouvriers pendant la construction de la route;
toutes sont plus ou moins démolies ou inclinées par
l'effet des avalanches ou des coups de vent. Je m'étonne
que sur l'autre bord l'on ait coupé au ras du sol, en
grand nombre, des arbres énormes qui auraient main-
tenu les terrassements bien mieux que les murailles
qu'on a été obligé de faire aux mêmes endroits. C'est
qu'ici le plus grand danger résulte de la neige, et au
lieu d'encombrer la route pour descendre dans les
ravins, il serait préférable de les combler entièrement,
ce qui arrive quelquefois. Ces arbres, pour la plupart,
sont encore tels qu'ils ont été coupés, et, la tête en bas,
se trouvent retenus par leurs branches à des arbustes
ou à des broussailles; la pente des escarpements est telle
que si l'on voulait tirer parti de leur bois, les bûcherons
ne pourraient travailler qu'attachés à des cordes.

Par suite des neiges, cette passe est impraticable
durant quatre mois de l'année, de fin novembre au
mois de mars, assez souvent jusqu'en avril; aussi,
pendant l'hiver, les voyageurs prennent de préférence
les passes de la Mikouni ou de l'Ousseuï-toghé, quoiqu'elles soient loin d'être exemptes des neiges. On se
demande, à voir le peu d'usage fait de cette dernière,
même pendant la belle saison, ce qui a pu engager
le gouvernement à construire à grands frais cette nouvelle voie de communication.

Nous passons devant Itchi-no-Koura, montagne dont
la plus haute cime s'élève d'environ 300 mètres au-
dessus de nous, à 1 000 mètres au-dessus de la route
en cet endroit.

A mi-distance, d'ici au sommet d'Itchino-Koura,

VALLÉE DE TONEGAWA.

(D'après une photographie.)

un cirque formé par les contre-forts de la montagne
contient encore un amoncellement de neiges de plus
de 30 pieds d'épaisseur; l'eau du ruisseau qui en
découle est naturellement glacée, il est impossible d'y
tenir la main plongée plus de quelques secondes.

Les pics qui s'élèvent devant le cirque, de chaque
côté, ont un aspect bizarre; au nombre de huit ou dix,
ils ont en apparence une forme symétrique : ils sont
triangulaires vus de face, et leur hauteur est à peu près
égale à leur base, ils sont plantés presque perpendiculairement comme des équerres isocèles reposant sur
le côté opposé à l'angle droit.

Des arbres poussent encore entre les crevasses sur les
sommets, à notre gauche; mais la végétation est moins
luxuriante que dans le bas; à droite, jusqu'au fond du
ravin, elle présente encore un fouillis inextricable; quelques petites éclaircies commencent à peine à s'y des-
siner.

Le village de Bouno, indiqué sur l'ancien chemin,
se trouve à près de 100 mètres au-dessous de nous,
complètement enfoui dans la verdure; nous ne pourrons l'apercevoir d'aucun point de la nouvelle route :
l'unique hôtelier qui y était établi (Souzoukiya), n'ayant
plus de clients, s'est vu forcé d'aller chercher fortune
ailleurs.

Le temps s'est remis au beau, le brouillard s'étant
complètement dissipé et la chaleur devient de plus en
plus insupportable; il y a bien de gros nuages noirs
amoncelés dans le sud, et il pleut peut-être à Ikao et
même plus près de nous; mais ici le soleil est dans
toute sa force, et, vu la direction de la route, l'inclinaison des collines et la rareté des arbres qui commence,
nous ne pouvons compter pouvoir marcher à l'ombre.

A midi, le soleil sera sur l'autre versant, mais nous y serons aussi, sauf à nous arrêter en chemin, ce qui n'est pas mon intention; nous voilà donc condamnés à le subir pendant la journée tout entière.

Vers 10 h. 1/2 nous atteignons le ruisseau qui descend des sommets de Shibakoura; il est temps de déjeuner, car pendant plus d'une heure, en partant d'ici, nous risquons fort de ne plus rencontrer d'eau fraîche.

Il s'agit, avant tout, de trouver de l'ombre; un peu plus loin, sur le bord de la route, s'élève un bouquet de grands arbres; je m'assieds au pied de l'un d'eux, les jambes pendantes dans le précipice et nous faisons notre premier repas; les djinriki désapprouvent mon installation et préfèrent rester sur la chaussée, au soleil; pour moi, je me trouve parfaitement à mon aise et ne tiens pas à me ranger à leur avis ni à leurs côtés.

Après une demi-heure de halte, nous nous remettons en marche.

Les zigzags de la route que nous apercevons comme de larges rubans blancs se dévidant sur les flancs des collines, ont de loin toute l'apparence de fortifications. Le repli le plus haut s'élance vers un cap que nous croyons être le dernier, car on ne voit aucun sommet plus élevé à notre gauche; vaine illusion qui se répète à chaque quart d'heure!

Le haut de la passe est encore bien loin, et quand nous atteignons ce qui nous paraissait d'en bas un dernier détour, la route, revenant pour ainsi dire sur elle-même, suit l'autre versant du même contrefort pour aller contourner le fond du ravin, là, elle passe généralement sur un pont de dimensions en rapport avec l'écoulement des eaux, mais, dans cet endroit, les cascades et les lits des ruisseaux sont à sec en ce moment; puis nous continuons l'ascension sur un autre contrefort plus élevé qui nous était caché par le précédent, et cela, jusqu'au dernier de tous, au sommet de la passe que nous n'apercevons pas encore.

J'avoue humblement qu'ayant oublié depuis long-temps mes notions de géologie, ainsi que beaucoup d'autres, laissées, il y a trente ans, sur les bancs du collège, je ne me risquerai pas à entreprendre la description de la composition des terrains, ni de leur formation : je préfère laisser ce soin à de plus jeunes et plus habiles que moi, ou mieux encore à des spécialistes.

Je me bornerai à dire que la nature des collines coupées par la route me paraît être, à peu près la même partout; le sable domine, puis les argiles durcies dont les couches inclinées menacent, à tout moment, de glisser.

Ensuite, une continuité de poudingues de toutes couleurs; des cailloux blancs, jaunes, gris, rouges, bleus et noirs; les blocs de pierres ou rognons enfouis dans le sable, varient à l'infini de forme et de dimension : durs ici, tendres plus loin, ils font craindre sur plusieurs points par leur mélange et leur position même, de prochains éboulements.

Dans un seul endroit, entre Shibakoura et Shirakappa, je remarque un jet isolé de quartz complètement noir; ses cassures unies, pointillées de petites taches métalliques de couleur rouge (probablement du cuivre), scintillent au soleil.

Il est fort possible, qu'en perçant un tunnel à environ 1 000 mètres plus bas, c'est-à-dire à la hauteur de Dohaï, où commence l'ascension proprement dite, on rencontrerait dans ce massif des terrains de formation plus complète et d'éléments moins hétérogènes; peut-être même aurait-on la surprise d'y découvrir des gisements miniers d'une certaine valeur. Par ce temps de chemins de fer, c'est là une hypothèse dont la réalisation n'est plus qu'une question de quelques années.

CHAPITRE V

**La passe de Shimidzeu (suite). — Shirakappa. — La descente.
Un incident. — Les ponts et chaussées.**

A midi, nous arrivons à Shirakappa, ce n'est pas tout
à fait le sommet de la passe, mais il ne reste plus de
grandes pentes à gravir et c'est d'ailleurs le premier
endroit habité depuis Dohaï. La station est située sur un
promontoire qui s'avance en terrasse au-dessus de la
vallée; elle se compose d'une hôtellerie toute neuve et
d'assez bonne apparence, dont les deux façades principales donnent l'une au midi sur les pentes par lesquelles
nous venons d'arriver, l'autre à l'ouest, sur celles moins
rudes que nous allons suivre, car la route tourne ici
à peu près à angle droit, puis d'une douzaine de cases
ou maisons japonaises destinées sans doute au logement
des voyageurs et pèlerins. A l'extrémité du cap, à l'est
de la Tchiaya, un sentier abrupt va rejoindre, à peu de
distance, l'ancien chemin qui descend ou plutôt dégrin-
gole à Bouno, situé à près d'un demi-ri dans le fond du
vallon.

Un grand poteau carré, fixé sur un socle en pierre
dure, porte des inscriptions, en caractères japonais, sur
ses quatre faces; sur l'une, il est mentionné que cette
route a été inaugurée le vingt-deuxième jour du hui-
tième mois de la dix-huitième année de Meidji
(22 août 1885), par Son Altesse Impériale Kita-shirakawa-
no-miya; sur les trois autres sont indiquées les distances suivantes :

Bouno	0 ri	15 tchio	50 ken.	
Takasaki	20 »	02 »	50 »	
Shimidzeu	6 »	01 »	05 »	
Kokaï	1 »	12 »	20 »	
Youbisso	4 »	15 »	41 »	
Nagaoka	23 »	31 »	10 »	et 3 pieds (*sic*)
Teppominé	0 »	25 »	00 »	

La route ayant été construite très probablement par
sections, nous avons aperçu, en faisant l'ascension de
la passe, plusieurs poteaux indicateurs semblables à
celui-ci, mais moins bien conservés, et placés à peu
près à la hauteur des maisons abandonnées ayant servi
au logement des ouvriers.

Il m'est impossible de donner une description exacte
du panorama qui s'offre à nos yeux. On peut dire,
d'une manière générale, que le Japonais de l'intérieur,
soit par mauvais vouloir, soit, le plus souvent, par
ignorance, ne sait fournir aucun renseignement sur ce
qui l'entoure; il ne connaît rien ou presque rien en
dehors de sa maison.

D'ailleurs, seul le premier plan des montagnes est
entièrement à découvert; toutes celles qui sont éloignées
sont plus ou moins noyées dans la brume ou dans les
nuages. On m'indique, au sud, les sommets de Shiba-

koura que nous avons contournés il y a une heure à peine ;
au nord, ceux de Nagakoura ; à l'est, les montagnes de
Bouno ; au nord-ouest, Teppominé ; et au sud-est, dans
le lointain, perdu dans les brouillards, Akaghisan, que
l'on devine plutôt qu'on ne le voit.

Nous quittons Shirakappa à midi 20 m. ; à une courte
distance des dernières maisons, se trouve une petite
source d'eau fraîche ; nous nous empressons d'y faire
notre provision, car nous n'en rencontrerons pas d'autre
pendant un assez long parcours. Par des pentes relativement bien plus douces que celles que nous avons
gravies jusqu'à la dernière station, nous atteignons
enfin le point frontière (Kokaï) ; la limite des deux
provinces est indiquée simplement par deux poteaux :
pas la moindre trace d'habitation aux alentours. L'ancienne passe se trouve, à quelques centaines de mètres
vers le sud et à une altitude un peu plus grande.

A partir du Kokaï, la descente commence ; elle se
continue jusqu'à Shimidzeu, je pourrais ajouter jusqu'à
la mer, car en quittant ce dernier village, nous suivrons
pendant assez longtemps les bords d'un petit cours
d'eau, le Nobori-gawa. La ville de Mouïka-matchie,
quoique bâtie en plaine, au bord de la rivière, est située
à 169 mètres au-dessus du niveau de la mer.

Peu après avoir franchi la frontière, nous faisons
halte à Etseubo, tchiaya de pauvre apparence, où mes
Japonais trouvent à peine du thé ; c'est l'unique habitation entre Shirakappa et Shimidzeu, c'est-à-dire sur
un parcours de plus de 6 ri (24 kilomètres). Nous comp-
tions tous sur la bouteille d'eau de source que j'avais
fait remplir à la station précédente ; mais j'ai parcouru
la route à pied, et la bouteille tant désirée, roulée dans
mon paletot, placé sur le djinriki, sous le coup des

forts cahots et des secousses, s'est débouchée et vidée dans les poches; il en reste bien un peu de fraîcheur, mais pas une goutte de liquide. Nous sommes à 4 ri de Shimidzeu, et cette déception nous oblige à maîtriser notre soif pendant plus d'une heure encore, car, depuis le sommet de la passe, les eaux se font très rares : les ruisseaux sont pour la plupart entièrement à sec. Je constate d'ailleurs un changement complet dans la nature du terrain : les calcaires semblent ici le disputer aux sables; seule la solitude reste la même, nous ne faisons pas la moindre rencontre.

La vue est limitée devant nous par les contreforts, entre lesquels serpente la vallée, et l'on ne distingue dans le lointain, au-delà de la plaine, par-dessus les dernières collines, que les sommets du Yonesan.

Les pics de la chaîne de montagnes que nous venons de franchir nous apparaissent, en arrière, sous des aspects imposants à mesure que nous descendons. La végétation n'offre rien de comparable à celle du versant opposé; les grands arbres surtout, même dans les bas-fonds, deviennent de plus en plus rares. La brise se levant, nous sommes à chaque pas aveuglés par la poussière.

La route est à peu près semblable à celle que nous avons parcourue à la montée; elle se compose de lacets· superposés sur les pentes des collines; mais, soit que l'entretien en ait été négligé, soit par suite de la moindre consistance du terrain, elle se trouve en plus mauvais état; les éboulements y sont nombreux et nous obligent à faire à pied la plus grande partie de la descente. Une réparation générale est entreprise en ce moment, circonstance qui ne peut que contribuer à retarder notre marche.

Ici se place un incident qui, quoique futile en

apparence, aurait pu avoir des conséquences désagréables pour les voyageurs : nous arrivons au fond
d'un ravin ; le pont est hors de service et l'on a décidé
de le changer ; mais, avant de préparer le nouveau,
on s'occupe de démolir l'ancien ; déjà les planches
ont été enlevées et les deux poutres qui les supportaient
sont suspendues par des cordes et prêtes à disparaître
aussi. Après quelques pourparlers, j'ai réussi à décider
les entrepreneurs de ce travail à me laisser traverser
sur l'une des poutres branlantes ; là, cependant, tout
n'est pas pour le mieux ; les djinriki, les bagages et
surtout les provisions restent sur l'autre bord ; je ne
tiens nullement à m'en séparer, et mes hommes ont
tout intérêt à me rejoindre ; il a fallu en venir presque
aux menaces pour qu'on les laissât passer. Je plains
les voyageurs qui ont pu arriver à cet endroit quelques minutes après nous ; car ils ont dû avoir le
désagrément ou de coucher à la belle étoile ou de retourner
à Shirakappa. Cependant, rien n'aurait été plus facile
que d'établir, du côté des collines, en dedans du pont
à enlever, une passerelle provisoire, afin de ne pas
intercepter, pendant plus de vingt-quatre heures, les
communications en un point inhabité et sans res-
sources ; mais nous sommes au Japon !

CHAPITRE VI

Nous arrivons à Shimidzeu à 4 heures; l'engage-
ment de mes djinriki se termine ici; pas un d'eux
ne veut aller plus loin, à aucun prix, et il m'est impossible d'en trouver d'autres. Le chemin, empierré partout, est à peu près impraticable, me disent-ils; et puis,
le choléra s'est déclaré avant-hier à Mouïka-matchi, ville
que j'ai désignée comme ma dernière étape de la
journée; tout le monde est effrayé; on me considère
comme fou de persister à continuer ma route. Une
vieille aubergiste de cent trois ans me supplie de m'arrêter chez elle, ne comprenant pas que l'on puisse

courir ainsi à la mort (*sic*); je résiste à ses supplications;
son établissement me rappelle celui où j'ai couché la
veille; et puis, ce vieux village, avec son aspect ultrà
pittoresque et même sauvage, a quelque chose qui ne
revient pas.

Cependant, il m'est impossible de partir seul; il y a
ma valise et les vivres que je ne puis ni emporter moi-
même ni abandonner; on voit aux figures de tous
ces gens qui m'entourent qu'ils ont une peur atroce
du choléra; peut-être aussi s'entendent-ils entre eux
dans le but de m'exploiter.

Enfin, au moment le plus désespéré de la situation,
passe un vieux paysan conduisant son cheval par la
bride; il vient de Mouïka-matchi; il est prêt à y retourner, tout de suite, moyennant 6 sen par ri et un
peu de saké (1) : « Ces jeunes gens d'aujourd'hui, me
dit-il, ça a peur de tout, ça ne sait pas même boire. »

Nous quittons enfin Shimidzeu, et je prends les
devants; à la sortie du village je m'aperçois que mon
domestique japonais, rompu de fatigue, s'est juché
entre mes colis sur le dos du cheval; quant à moi, la
chaleur du jour commençant à tomber, c'est avec le
plus grand plaisir que je me dégourdis les jambes en
marchant.

La route descend en pente douce au milieu des
rizières et des bouquets d'arbres; le pays a bientôt perdu
son aspect morne et triste de tout à l'heure. L'une des
raisons données par les djinriki pour ne pas venir plus
loin est fondée : le chemin est couvert presque partout
de tas de gravier non encore étendu et il reste à peine
un petit sentier non empierré de chaque côté, au bord

(1) Eau-de-vie de riz.

VIEILLE FEMME DE CENT TROIS ANS. (Province de Shimidzcu.)

(D'après une photographie.)

du ruisseau. Je fais plusieurs haltes sous les ombrages pour attendre le cheval de bât qui ne marche pas assez vite quoiqu'il soit remorqué par son conducteur. Ce dernier est décidément un fervent disciple de Bacchus; un bout de conversation, qu'il tient, en passant, avec un de ses confrères, m'apprend qu'il y a eu joute l'autre jour à coups de brocs, que mon homme a absorbé une quantité prodigieuse de liquide et qu'il espère bien remporter encore le prix au concours qui doit avoir lieu prochainement.

Les collines s'abaissent de plus en plus dans la plaine, nous approchons de Nagasaki; mon vieux buveur me fait observer que je ferais bien de m'arrêter dans ce village; ce n'est point son intérêt, me dit-il, car je n'aurai à lui payer que le chemin parcouru, et, si je l'exige, il est prêt à continuer jusqu'à Mouïka-matchi, suivant nos conventions; mais nous n'arriverons là-bas que la nuit, et assez tard; il y a le choléra; il n'en a pas peur, seulement les auberges se fermant l'une après l'autre par suite des cas qui s'y produisent, il peut se faire que nous restions une bonne partie de la nuit à la recherche d'un gîte. D'ailleurs, ajoute-t-il, le service des bateaux étant supprimé, je ne pourrai prendre la voie de la rivière qu'à partir d'Ourazawa; je n'ai aucun avantage à continuer et il me suffira de me lever une heure plus tôt demain matin pour atteindre cette dernière ville tout aussi vite.

Cet honnête ivrogne est l'homme le plus convenable que j'aie rencontré depuis mon départ de Yokohama, le seul qui m'ait tiré d'un embarras réel, tandis que tant d'autres n'ont cherché qu'à entraver ma marche; je ne puis que me ranger à son avis, et je me décide à coucher ici.

Nagasaki (1), que nous venons d'atteindre, ne doit plus être regardé comme un misérable hameau ; le pays s'est considérablement enrichi, me dit-on, depuis un an, c'est-à-dire par suite de la construction de la nouvelle route ; il me paraît devoir s'enrichir encore au détriment de Shimidzeu. D'ailleurs, à en juger par ce que j'en ai sous les yeux, je ne crois pas qu'il ait jamais été bien pauvre ; les maisons ne sont pas serrées et alignées au bord de la route, elles sont construites en retrait, entourées de rizières, de jardins ou de bouquets d'arbres, ce qui leur donne un petit air de bien-être et de propreté.

Les habitants, d'apparence robuste, me semblent être tous plus ou moins propriétaires ; ils possédaient le nécessaire, le passage des voyageurs leur a apporté l'aisance.

L'établissement où nous descendons est relativement d'assez grande importance ; il tient tout autant de la ferme que de l'hôtellerie. Construit sur les trois côtés d'une grande cour carrée ouverte sur la route, il est partout à étage ; l'aile gauche est réservée à l'usage des maîtres de céans ; celle de droite, toute neuve encore, est plus spécialement affectée aux voyageurs ; le bâtiment central sert à l'une et à l'autre destination. Derrière, se trouvent de grands et beaux godowns (2), également à étage, pour l'emmagasinage des récoltes.

La chambre que j'occupe, au premier, dans la nouvelle construction, est trois fois plus grande que celle que j'ai eue la veille à Kobinata (Youbara) ; en outre,

---

(1) Les mêmes noms se retrouvent dans toutes les provinces ; le village dont il est question ici n'a de commun que le nom avec la ville de Nagasaki, port ouvert situé dans l'île de Kiou-shiou.

(2) Magasins à l'épreuve du feu.

PAYSAN AVEC SON CHEVAL. (D'après une photographie.)

une vérandah assez large donne sur la route et dans la
cour. J'ai pour voisins des Japonais qui, comme moi,
doivent partir de grand matin pour Ourazawa et Niigata.
Au rez-de-chaussée sont logés plusieurs marchands se
dirigeant sur Tokio; ils iront coucher demain à Youbisso. J'apprends par eux que les bateaux à vapeur de
la rivière quittent Nagaoka, d'ordinaire, le premier à
6 heures du matin, le dernier à 2 heures de l'après-
midi; il me serait donc possible d'arriver à Niigata
demain dans la soirée, c'est-à-dire trois jours après mon
départ de Yokohama.

J'obtiens aussi quelques renseignements utiles pour
mon retour par la route du Shinshiou, en profitant du
tronçon de chemin de fer de Naoetseu, qui vient d'être
inauguré. Il existe deux lignes de steamers, soi-disant
régulières, de Niigata à Sado, et de Niigata à Naoetseu;
il y a un départ, chaque jour, pour l'une des deux des-
tinations alternativement; le dernier sur la ligne de
Naoetseu ayant eu lieu le 21, les suivants sont fixés au
23 et au 25; la durée de la traversée est de sept à neuf
heures, selon le temps qu'il fait en mer. Je pourrais donc
profiter du bateau du 25; quitter Naoetseu le même jour,
par le train du soir; visiter dans les journées des 26 et
27 les montagnes saintes et les temples situés entre
Nodgiri et Zenkodgi; arriver à Ouéda le 28; faire l'ascension de l'Asama-yama et venir me reposer, pendant un
jour, à Ikao, où je retrouverai quelques amis, avant de
rentrer à Yokohama. Mais, pour cela, il faut compter
sans la mauvaise chance qui me poursuit presque partout, et ne pas rencontrer le moindre mauvais temps.

La brise étant complètement tombée au coucher du
soleil, la chaleur redevient étouffante, mais la vie sociale
me paraît préférable à celle de la veille : ni trop de

curiosité, ni trop d'indifférence de la part des voisins.

Si l'établissement ne renferme aucune provision en dehors des produits récoltés sur place, aucun ustensile européen, pas même un verre, article que l'on rencontre de l'autre côté des montagnes, dans la plus pauvre tat-téba (maison de halte), on y trouve, en revanche, un bon accueil et cette vieille politesse japonaise, qui disparaît si vite ailleurs, au contact des étrangers. Les gens de la maison me servent avec empressement; ils m'apportent un fourneau, du charbon, leur plus belle vaisselle, en un mot tout ce qui m'est nécessaire pour préparer mon dîner; je m'attends bien à payer pour ces petits soins, d'autant plus que les hôtes japonais occasiönnent moins de dérangements, mais je prévois déjà que l'on ne m'exploitera pas trop, car on est tout aussi empressé dans le service de mes voisins, moins exigeants. Si, cependant je me faisais illusion, il y a ici de la police (un officier vient même passer la soirée avec les propriétaires de l'hôtel) et je ne me laisserai pas écorcher sans crier.

Il faut avant de s'endormir s'occuper de retenir des djinriki pour continuer notre route; il y a là huit ou dix voyageurs japonais qui, devant partir demain dans des directions diverses, ont déjà arrêté leurs hommes; ma seule crainte est de ne plus trouver de véhicule dans le village. Ce retard ne m'est pas sans utilité; j'ai entendu les conditions des marchés conclus par mes voisins et je sais déjà que l'on voyage à peu de frais par ici. L'hôtelier auquel j'ai donné l'ordre d'envoyer chercher des traîneurs ne revenant pas, je commence à désespérer d'en avoir; enfin, après plus d'une heure d'attente, il amène deux chefs de la corporation, et je réussis à traiter avec eux.

Il n'y a dans le village aucune station de djinrikishia, chaque maison a, pour ainsi dire, son véhicule;
c'est un petit revenu qui s'ajoute à celui des champs;
toutefois, les habitations des paysans étant assez éloignées les unes des autres, il faut du temps pour trouver
trois voitures et six hommes. Le tarif est de 5 sen par ri
et par traîneur; c'est à peu près le tiers de ce que nous
avons eu à payer jusqu'ici, et je me suis aperçu que
malgré ce bas prix, il est encore permis de marchander;
je conclus donc à 4 sen, avec promesse de payer le tarif
plein si nous arrivons à temps au bateau.

Il est probable qu'au moment des récoltes les moyens
de transport sont beaucoup plus difficiles à se procurer
et qu'ils sont bien plus chers. Je décide que nous nous
mettrons en route au plus tard à 4 heures : il est près
de minuit, chacun va se coucher.

CHAPITRE VII

Départ de Nagasaki. — Mouïka-matchi. — Chaleur d'orage.
— Route en construction. — La vallée de l'Iwo-no-gawa :
Ouraza, Horino-outchi, Kawagoutchi. — Mioken. — Mes
cerfs à deux pattes.

Dimanche 22 août. — Je n'ai fait qu'un seul somme,
et dès 3 heures je suis debout ; des voyageurs japonais
prennent déjà leur premier repas : ce peuple mange à
toute heure. Je demande ma note, on me l'apporte ; elle
contraste tellement avec toutes celles que l'on m'a pré-
sentées jusqu'ici, que je ne puis mieux faire que de la
transcrire :

Chambre pour deux personnes et nourriture japonaise pour une personne. . . . Y. 0.28
Cinq œufs. . . . . » 0.10

total pour mon domestique et pour moi : 38 sen.

C'est-à-dire que ne faisant pas de distinction de races,
l'on m'a pris comme aux clients indigènes, 10 sen
(50 centimes) pour le coucher ; il y a loin de là au prix

compté à Youbara, la veille, pour avoir occupé deux ou trois sales tatamis pendant quelques heures, y. 1.00 (5 francs).

Eh bien! au risque de l'exposer à la vindicte de ses confrères, je m'empresse de dénoncer au public cet hôtelier probe et honnête : il s'appelle Shirokiya. Ma recommandation, il est vrai, a peu de chances de produire beaucoup d'effet, car ils doivent être bien rares les étrangers qui passent par là, et il est fort possible qu'aucun ne s'y soit arrêté avant moi. Je fais, cependant, une petite remarque qui, en aucune façon, ne doit être considérée comme une plainte : si la note de l'hôtel est douce, il y a, par contre, une chose qui est légèrement salée, c'est l'eau; on s'en aperçoit même dans le thé; cela tient sans doute à la composition des terrains où se trouve la source, ou de ceux qu'elle traverse avant d'arriver ici.

Nous partons à 3 h. 1/2, il ne fait pas encore jour, mais le temps est très clair; nous traversons le village de Sabouromorou, de pauvre apparence, puis l'Ouwogawa, rivière assez large, dont les eaux sont très basses en ce moment. A une courte distance, après avoir passé le pont, la route se confond avec celle venant du Mikouni-toghé; quoiqu'il y ait du gravier nouvellement étendu partout, nos hommes vont d'un train fort raisonnable.

Après une heure de marche, nous atteignons le grand bourg de Mouïka-matchi, celui, plus petit, de Itseuka-matchi environ une heure après, et arrivons à Ouraza que les Japonais appellent aussi Ourazawa, à 6 h. 1/2 du matin, ayant ainsi parcouru la distance de 6 ri et demi (26 kilomètres) en moins de trois heures. Après de longs pourparlers de côté et d'autre, nous sommes convaincus, que, comme à Mouïka-matchi, par suite de l'épidémie de choléra qui s'étend peu à peu dans tout le ken, le service des bateaux d'ici à Nagaoka est suspendu, et il nous est impossible d'en affréter un à aucun prix.

Nous nous remettons donc en route à 7 heures, avec les mêmes hommes ; car, quoique ce village me paraisse assez important et même riche, il y a bien des djinriki, mais pas de station, et il faudrait perdre un temps assez long pour changer nos traîneurs. Bientôt, je m'aperçois que l'un d'eux est blessé au pied : ce n'est qu'avec beaucoup de peine que je le décide à s'en retourner sans être remplacé.

Le temps est calme : la chaleur d'un jour d'été sans nuages qui commence à se faire sentir et surtout le gravier fraîchement étendu, sur une longueur de plus de 100 kilomètres depuis la descente du Shimidzeu-toghé, et qui n'a encore été aplati par aucun rouleau, ne contribuent pas peu à ralentir notre marche ; nous n'arrivons à Horino-outchi qu'à 8 h. 1/4 et à Kawa-goutchi qu'à 9 h. 45 m. ; notre vitesse était de moins de 2 ri à l'heure, diminuant de plus en plus, à mesure que nous avançons ; nos hommes sont exténués et, malgré leurs protestations, je décide de les changer ici. Ce qu'il y a de plus remarquable, c'est qu'au moment de les régler, contrairement aux habitudes des gens de Yokohama, de Tokio et des environs, qui réclament toujours, quelle que soit la somme qu'on leur alloue, nos gens se confondent en remerciements en recevant le prix convenu, sans aucune gratification ; et, ceux avec lesquels ils traitent, pour le restant du chemin que nous avons à parcourir, leur accordent, sans discussion, une commission assez forte sur le prix que nous devrons payer à l'arrivée pour cette deuxième partie du trajet.

J'ai profité de cette halte d'une demi-heure pour déjeuner; nous repartons à 10 heures, il nous reste près de 8 ri à faire avant d'arriver à l'endroit d'où part le bateau à vapeur de rivière.

La route est en pente douce et nous n'avons à gravir que quelques courtes montées sur les contours des collines peu élevées qui bordent la vallée du fleuve. Sur des piquets carrés, peints en blanc, sont inscrites les distances à parcourir; ces poteaux indicateurs se retrouvent non pas à chaque ri, mais à un tchio l'un de l'autre, ce qui me paraît un luxe de mesurage; le point de départ de ces distances du côté où nous nous dirigeons est la mer, c'est-à-dire l'embouchure du Shinanogawa, tout près de Niigata.

Malgré les empierrements et la chaleur, nos nouveaux hommes vont d'une vitesse peu commune, nous parcourons plus de 3 ri pendant la première heure, car nous atteignons Mioken à 11 h. 25 m. Quoi qu'ayant hâte d'arriver à Nagaoka, je ne puis les empêcher de déjeuner ici, ce qui nous occasionne un peu de retard. J'apprends, par des voyageurs japonais venant de Niigata, que le bateau est annoncé pour une heure, mais qu'il ne part jamais à l'heure exacte, attendant plus ou moins longtemps les voyageurs qui se font annoncer; l'embarcadère se trouve à près d'un ri au delà de Nagaoka, en dehors du village de Zoomoura.

Nous repartons du même train; décidément, ces hommes-là sont des coureurs de première force; je promets de leur compter 1 ri en sus de la distance reconnue, si je ne manque pas le bateau; 10 sen par voiture c'est peu, mais cela suffit pour leur faire prendre une allure presque dangereuse ; rien ne saurait modérer leur course, nous traversons les villages avec une rapidité vertigineuse ; tout ce qui se trouve sur la route, gens, charrettes et chevaux, se range à la hâte pour nous laisser passer. Deux surtout parmi nos six traîneurs courent comme de vrais cerfs, un bon cheval aurait certainement de la peine à les suivre ; je les dépêche en avant avec les bagages, leur donnant l'ordre de dire au patron du bateau de nous attendre : c'est dans les usages du pays.

La chaleur accablante, la poussière, la rapidité de notre course et l'incertitude de l'endroit où nous pourrons coucher ce soir me disposent peu aux observations ; d'ailleurs il n'est guère possible d'écrire en courant, mes tentatives répétées n'aboutissent qu'au tracé de quelques hiéroglyphes que je ne puis arriver ensuite à déchiffrer ; aussi mes notes, pour cette partie du trajet, sont-elles plus que succinctes.

J'ai remarqué dans toutes les maisons, le long de la route, les petits rouets à main, pour dévider la soie et les métiers à tisser servant à la confection des étoffes appelées *Ichidgimi*, dont cette région produit plus de cent mille pièces par an.

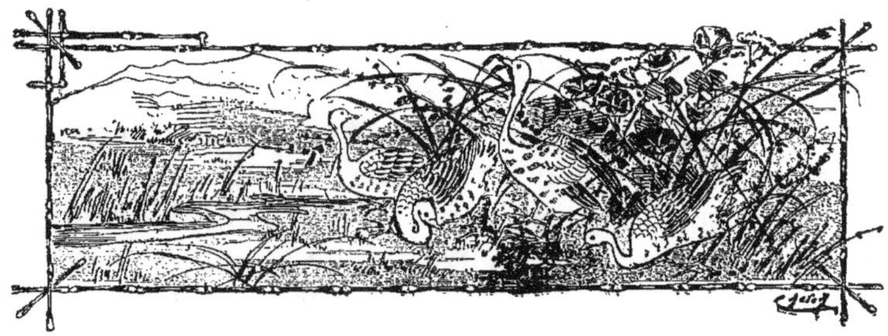

CHAPITRE VIII

Zoo-moura, faubourg de Nagaoka. — La neige dans la province d'Etchigo. — Les constructions. — Produits européens, contrefaçons.

Ayant traversé la ville de Nagaoka dans toute sa longueur, nous arrivons au bureau de la Compagnie de navigation; mes deux hommes d'avant-garde sont là, mais leur air désappointé m'inquiète; je demande si le bateau est déjà parti; on me répond que c'est l'heure fixée pour son départ, mais qu'il y a un petit inconvénient imprévu; il n'est pas de retour de son précédent voyage, s'il arrive avant deux heures, il pourra encore repartir aujourd'hui, sinon il ne sera expédié que demain matin.

L'agent envoie quelqu'un aux renseignements au bord de la rivière; il n'y a pas de bateau en vue, il faut donc nous résigner à passer la nuit ici. Nos traîneurs de djinriki me paraissent affectés tout autant, sinon plus que moi-même de ce contre-temps; c'est qu'ils craignent d'avoir perdu la petite gratification promise; comme en définitive il n'y a nullement de leur faute, qu'ils ont fait, au contraire, un véritable tour de force pour arriver si rapidement, et que, en somme, c'est le bateau seul qui a manqué, je la leur paie quand même; ils se confondent en remerciements et ne veulent en aucune façon me laisser parcourir à pied la très courte distance qui sépare l'agence de l'hôtel; ils font mon éloge aux gens de la maison, au facteur de la poste et au marchand de journaux qui se trouvent là par hasard.

Comme nous sommes loin de Yokohama!

L'hôtel est très propre, très aéré et de construction récente; peut-être faut-il attribuer cette dernière circonstance à quelque incendie, comme c'est trop souvent le cas dans ce pays. J'ai à ma disposition toute une aile du premier étage où l'on m'installe dans une vaste pièce de 28 tatamis (près de 50 mètres carrés) en me prévenant, toutefois, que j'aurai à choisir une ou deux des petites chambres à côté si, par hasard, les voyageurs arrivaient en foule; mais, le choléra régnant dans les environs, cette éventualité est peu à craindre; il ne viendra personne.

Ayant pris trop peu de repos la nuit précédente, je ne me soucie pas d'aller courir les faubourgs et la ville, d'ailleurs assez éloignée, d'autant plus que la chaleur est étouffante; je préfère prendre un bain et faire une longue sieste avant l'heure du dîner.

A la température d'aujourd'hui, 22 août, on ne se douterait guère qu'il a neigé ici, le 22 juillet dernier; c'est pourtant ce que m'assurent toutes les gens du pays ; la neige n'est pas tombée en abondance, cela n'arrive presque jamais après le mois d'avril, mais il y en a eu suffisamment pour blanchir partout d'une légère couche les champs, les chemins et les toits des maisons.

Dans toute cette partie du Japon, la quantité de neige qui tombe pendant l'hiver est réellement considérable ; à Nagaoka, elle devient effrayante ; la couche peut atteindre quelquefois 30 pieds (1) de hauteur ; c'est alors une véritable vie du pôle nord ; les maisons se trouvent complètement ensevelies pendant plusieurs mois de suite ; des tunnels sont creusés sous la neige pour communiquer d'un côté de la rue à l'autre et même pour aller jusqu'au bord de la rivière. Mais, si la navigation du Shinanogawa est alors interrompue pendant quelques semaines, c'est bien moins souvent à cause des glaces que par suite du manque d'eau, les épaisses couches de neige, qui obstruent tous les affluents, empêchant l'alimentation de la rivière.

Toutefois, en raison du genre de construction de toutes les habitations de la contrée, les voisins d'un même côté de la rue peuvent communiquer entre eux, souvent même sur de très longues distances. En effet, appuyés sur le devant et quelquefois aussi sur les côtés de chaque maison, se trouvent des auvents d'une largeur variant entre 5 et 8 pieds, supportés, à l'extérieur, par de forts montants en bois ; ils se prolongent même sur les ruelles ou intervalles qui séparent les différents groupes de constructions.

Et, afin d'éviter que les fenêtres du premier étage soient bloquées par la neige, les toits des habitations

<hr>

(1) Malgré les assurances réitérées des gens du pays, je considère cette évaluation comme exagérée.

débordent également de plusieurs pieds, souvent même de toute la largeur des auvents du rez-de-chaussée.

Quand les habitants languissent de ne pas voir le ciel, ils sortent par les fenêtres du premier étage, et, se frayant un passage, vont se promener dans la rue à hauteur des toits, quand ils ne peuvent pas aller sur les toits mêmes où la neige est aussi entassée. Ils emploient alors, pour marcher, différentes sortes de chaussures analogues à celles usitées dans la région des Alpes, en France et en Italie, principalement la chaussure avec planchette et une sorte de sandale à large base arrondie, faite de cordes tressées et ressemblant assez à un paillasson.

A Niigata, soit qu'elle tombe en moins grande abondance, soit qu'elle fonde plus rapidement sous l'influence des brises salines de la mer, la couche de neige, dans les rues de la ville, dépasse rarement une hauteur de 3 ou 4 pieds.

On aperçoit encore quelques traces de neige sur les montagnes avoisinantes, dans les ravins non exposés aux rayons du soleil.

Comme on peut bien le supposer, c'est ici un article abondant et à bon marché; dès mon arrivée, on en a placé dans mon appartement un bloc d'un cube d'environ 1 pied 1/2, et du prix de 4 rinba (y. 0.004) (1), qui a mis sept heures à fondre, malgré la grande chaleur du jour.

Dans les rues, tous les enfants vendent de la neige durcie, et il s'en trouve dans les moindres villages; car, paraît-il, les habitants, en général, ont pris aujourd'hui l'habitude d'en faire provision pendant l'hiver; elle est

______

(1) Le rin, dixième partie du sen, vaut un peu moins d'un demi-centime.

conservée, soit dans des grottes, soit dans des trous creusés sous les maisons.

Cette neige est d'une grande pureté; elle ne contient pas le moindre grain de poussière ni aucun corps étranger; les blocs sont très durs et ne peuvent être découpés

CASCADE DE DJISHIN. (Province d'Etchigo)
(D'après une photographie).

qu'à la scie, ce qui explique sa longue conservation; elle me paraît même plus lente à fondre que la glace ordinaire.

La ville de Nagaoka possède des bureaux de poste, de télégraphe et de police; et, en dehors de son administration municipale, un délégué de la préfecture de Niigata y réside en permanence.

J'ai remarqué, dans la principale rue, grand nombre de magasins affichant des produits européens; il y a tout lieu de croire, vu les bas prix et la qualité inférieure de la marchandise, qu'ils vendent plutôt des imitations ou contrefaçons fabriquées dans le pays, que des articles d'importation étrangère.

Mes provisions en liquides touchant à leur fin, je cherche à les économiser, dans l'éventualité de nouveaux retards; je demande donc du vin et de la bière, et l'on me fait attendre plus d'une heure, car le centre de la ville se trouve assez loin de l'endroit où nous sommes.

La bière, fabriquée sur place et ne coûtant, au détail, que 20 sen la bouteille, serait bonne si elle ne tournait à l'aigre.

En fait de vin, on m'apporte une bouteille de grand-mousseux, du prix de 42 sen; j'avoue que je n'ose y goûter; j'ignore encore s'il y a des sources de pétrole dans la contrée, mais il me semble que ce liquide en a l'odeur. Mon Japonais n'y touche que du bout des lèvres; il me dit que c'est très sucré, mais que ça sent mauvais. Ce grand mousseux est d'ailleurs contenu dans une bouteille en verre mince ayant la forme de celles des grands vins de Bordeaux; mais, à mon profond regret, je ne puis que constater par l'étiquette trop bien lithographiée et surtout par le bouchage, qu'il est d'importation européenne.

Il existe, cependant, dans le pays, en assez grande quantité, des raisins blancs, et on y fabrique, depuis quelques années, un vin qui ne se conserve pas, tournant promptement à l'acidité. Il serait peut-être moins dangereux, pour la santé, que celui qu'on vient de me servir.

A propos de raisins, je ne dois pas oublier de signaler ce qu'il y a de plus remarquable dans l'hôtel : c'est un pied de vigne énorme, le plus gros que j'aie jamais vu au Japon ; ses rameaux couvrent, à la hauteur de la vérandah du premier étage, toute la cour intérieure, c'est-à-dire une superficie de plus de 40 mètres carrés ; ils sont surchargés de grappes qui n'arriveront guère à maturité que dans un mois.

Des vignes américaines ont été importées, soit par l'ancien Kaitakouski (Ministère des défrichements), soit par des particuliers ; elles sont beaucoup plus précoces que les vignes japonaises, car on en vend déjà les fruits ; mais, à mon avis, les raisins blancs japonais sont bien préférables à ces raisins noirs américains, dont le goût et l'odeur participent à la fois de la mûre sauvage, de la réglisse noire, du goudron et de la punaise.

Au moment du dîner, vers 7 heures, nous entendons plusieurs coups de sifflet ; c'est le bateau qui est de retour ; il repartira demain matin à 6 heures. L'agent nous apporte nos billets de passage ; je profite de l'occasion pour obtenir quelques renseignements sur le pays et, après un instant d'entretien, nous nous souhaitons mutuellement une bonne nuit.

Lundi 23 août. — Je ne me réveille qu'à 5 h. 1/2 du matin, complètement remis de la fatigue des trois journées précédentes ; il n'y a pas de temps à perdre ; je ne crains pas de manquer le bateau, car on ne partirait pas sans moi, même avec une heure de retard, mais je tiens à me remettre en route le plus tôt possible.

Je presse l'aubergiste de me donner sa note ; j'ai eu tout l'établissement à ma disposition et dans les faubourgs d'une ville de 28 000 habitants je dois m'attendre à un tarif assez élevé, que je suis d'ailleurs prêt à payer; il n'en est cependant pas ainsi; mon immense chambre ne me coûte que 23 sen.

CHAPITRE IX

La navigation fluviale. — Bateaux et machines. — Eaux trop basses : péripéties, échouages successifs. — Transbordement.

A trente pas de l'hôtel et tout près des bureaux de la compagnie de navigation, passe un petit cours d'eau très étroit et dont le courant est rapide; nous prenons là un canot qui, en quelques minutes, nous transporte à bord du vapeur, accosté dans la rivière à un appontement en planches situé à 5 ou 600 mètres de notre dernier point de départ; il est 6 heures.

Un moment après nous, et par la même voie, arrive la poste; puis, on attend encore quelques passagers en retard que l'on appelle à coups de sifflet répétés et qui viennent les uns par eau, les autres par la jetée; enfin nous appareillons à 6 h. 1/2.

La rivière me paraît divisée, dans cet endroit, en

plusieurs branches comprenant entre elles des îles plates et sans culture; à en juger par les tabliers des débarcadères qui restent perchés à plus de 2 mètres au-dessus du niveau actuel, les eaux sont excessivement basses en ce moment.

Les bateaux à vapeur faisant le service de Nagaoka à Niigata sont à peu près de même longueur que ceux naviguant entre Yokohama et Yokoska; ils sont toutefois beaucoup plus larges, leurs moteurs étant forcément à aubes, car les bas-fonds ne permettraient pas l'emploi de l'hélice. Leur tirant d'eau ne saurait être plus faible; ils calent exactement, en mesure japonaise, 1 pied 8 pouces, ce qui équivaut à 54 centimètres; leurs machines sont fort puissantes, relativement à leur jauge, car ils ne peuvent porter en moyenne plus de vingt-cinq tonnes. Les coques de tous ces petits vapeurs ont été construites à Niigata même; celles des plus anciens sur des modèles fournis par l'arsenal de Yokoska, quand cet établissement était encore sous la direction d'ingénieurs français; celles des nouveaux me paraissent entièrement copiées sur les premières. Il en est de même des machines qui, fournies également au début par les ateliers dudit arsenal, sortent aujourd'hui de ceux d'Ishikawa-dgima (1). La cale aux marchandises se trouve sur l'avant de la chambre des machines, et les salons pour passagers, assez confortables d'ailleurs, divisés en premières et secondes, sont placés à l'arrière.

L'équipage du bateau qui nous emmène se compose en tout de sept hommes : trois mécaniciens ou chauffeurs, deux matelots, un mousse ou novice remplissant

____

(1) Ateliers de construction situés à Tokio.

aussi les fonctions de maître d'hôtel, et le patron; il y a certes du travail pour tout ce monde et actuellement le service me paraît même assez pénible; sans aucun doute, malgré le choléra qui interdit en partie la circulation des voyageurs, la compagnie fait encore ses frais.

Environ trois quarts d'heure après notre départ, le bateau touche, s'arrête et plonge fortement de l'avant en inclinant un peu sur bâbord; je suis étonné que nous n'ayons pas rempli; j'ai cru, ma foi, pendant un court instant, que c'était un naufrage complet, et secouant mon Japonais qui sommeille, je me précipite sur le couronnement, prêt à toute éventualité; l'arrière se trouve complètement hors de l'eau, et le courant rapide se brise sur les flancs du petit navire, comme sur des rochers; mais le cas était prévu, car nous voyons apparaître immédiatement sur la berge une vingtaine de journaliers qui entrent dans la rivière pour venir nous remettre à flot; ils enfoncent dans l'eau, tantôt jusqu'aux épaules, tantôt à peine à mi-jambe.

Il existe, paraît-il, en cet endroit, en travers du courant, plusieurs bancs de gravier, ou, plus exactement, de galets, parallèles entre eux, que, d'une manière ou de l'autre, il faut franchir, car le passage trop étroit qui reste entre leurs extrémités et les berges ne permet pas aux bateaux de les contourner.

Nous nous échouons quatre ou cinq fois, dans l'espace de dix minutes; les journaliers soulèvent notre petit vapeur, tantôt d'un bord, tantôt de l'autre; les hommes de l'équipage et même les passagers aident en poussant du fond avec de longues perches; la machine est mise en marche alternativement, en avant et en arrière; nous sommes portés, tantôt dans la direction de la quille, tantôt en travers, et le bateau fait plusieurs tours et demi-tours sur lui-même avant de sortir de ces mauvais parages. A deux reprises, nous rentrons un moment dans l'eau profonde et les journaliers montent à bord, à l'exception de deux, qui, n'ayant pu grimper sur le bateau avant de repartir à toute vitesse, s'accrochent aux chaînes du gouvernail, et restent à la remorque quelques instants; leurs camarades, montés à bord, ne font que rire de leur mésaventure, quoique leur situation commence à devenir critique. Je me dispose, alors, à les aider à monter à bord, mais, tout à coup, nous nous trouvons encore arrêtés par un banc de gravier.

A ce dernier échouage, le bateau a complètement viré, ce qui facilite l'accostage à Yohita. Quelques passagers s'embarquent, parmi lesquels deux policemen, portant une provision d'acide phénique.

On ne voit sur la berge, au-dessus du débarcadère, que deux ou trois maisons de thé, le village, situé un peu plus loin, est caché par les digues.

Nous appareillons, et après avoir évité de nouveau l'arrière au courant, nous nous remettons en route pour faire une dernière escale, une demi-heure après à Okawa.

A 9 heures, le bateau mouille dans le milieu de la rivière, en face d'Imaï, les eaux trop basses ne lui permettant pas d'aller au delà.

Le vapeur correspondant se trouve à un demi-ri plus bas; il est accosté à la berge sur la rive gauche, complètement abrité sous un bouquet de grands arbres, en un endroit sans appontement, ni habitation, et que l'on me dit s'appeler Na-ka-no-Koutchi, du nom d'un affluent de Shinanogawa, déversant ses eaux tout près de ce point.

Le transbordement, qui s'effectue au moyen d'un seul

sampan (1) étroit, mais très long, suffisant pour transporter trente passagers et environ dix tonnes de marchandises, n'occupe pas moins d'une heure, malgré la courte distance à parcourir et le courant favorable; c'est que nous nous échouons encore à deux ou trois reprises pendant ce trajet, car, en certains endroits, la profondeur de l'eau atteint à peine un demi-pied; aussi, est-il facile de s'apercevoir du changement complet survenu dans la nature du fond, le gravier a complètement disparu pour faire définitivement place au sable.

Notre nouveau petit navire ne diffère guère du premier comme aménagements; les machines sont de même système, les deux coques paraissent être construites sur le même modèle.

(1) Mot servant à désigner un canot, usité en Chine, et par extension au Japon où l'expression de fourré (bateau) serait préférable.

CHAPITRE X

Nous continuons à descendre le fleuve. — San-djio. — Kosseu-do : un blessé. — Arrivée à Niigata. — Pluie torrentielle.

Appareillant de Na-ka-no-Koutchi à 10 heures, après avoir marché lentement et difficilement à cause des bancs de sable qui nous entourent, nous apercevons San-djio à un demi-ri devant nous; quelques minutes nous suffisent pour y arriver.

Dès l'accostage, le pont est envahi par une foule de Japonais des deux sexes : vendeurs de *mammés* (pois grillés), de gâteaux et autres provisions ou friandises indigènes que je ne sais pas apprécier, préférant la nourriture européenne.

Ce qui attire le plus mon attention, ce sont les petits marchands de journaux, ayant chacun un grand cartable en bandoulière ou sous le bras, qui se disputent, se bousculent pour nous offrir les feuilles locales, ainsi que celles de Tokio; on se croirait dans une ville

de premier ordre; San-djio n'a cependant pas plus de
8 000 habitants.

Comme partout, depuis notre entrée dans la province d'Etchigo, les jeunes filles vendent de la neige
durcie; l'heure du déjeuner approchant, j'achète tout
l'étalage d'une marchande : un petit bloc carré pesant
environ 3 kilos; l'article se vend nécessairement plus
cher qu'à terre, qu'à Nagaoka, par exemple; mais le
prix n'en est cependant pas ruineux; cet achat me coûte
1 tempo (1).

En quittant San-djio, nous continuons à ranger la
rive droite, et, à quelques mètres à peine de la station,
nous passons sous un beau pont en bois qui se continue
à perte de vue sur notre gauche; il disparaît dans les
arbres sur l'autre rive pour reparaître un peu plus loin,
ce qui indiquerait qu'il sert à traverser plusieurs bras de
la rivière; ses arches, que je ne puis compter, ont exactement 60 pieds d'ouverture, et les gens du pays me
disent que la longueur du pont est de 460 ken, soit
environ 830 mètres.

Nous stoppons à 11 heures, à Kamo-Shinden, pendant
deux ou trois minutes, pour prendre des passagers; une
demi-heure après, au moment de notre déjeuner, nous
rencontrons le bateau de 6 heures du matin (parti très
probablement en retard de Niigata), ayant à bord un
ex-ambassadeur du Japon auprès d'une grande puissance
européenne et sa suite.

Environ vingt minutes plus tard, pendant la manœuvre pour accoster à Kosseudo, l'un des trois hommes

---

(1) Le *tempo* est une ancienne pièce de monnaie de cuivre de forme ovale,
ayant un trou carré dans son milieu; sa valeur est de 8 rin, soit moins de
4 centimes. Cette monnaie est retirée peu à peu de la circulation pour faire place
au sen de même forme que notre sou de France et de valeur à peu près égale.

composant le personnel de la machine se laisse prendre le bras, à la hauteur du poignet, entre la manivelle et les bâtis; la main est lacérée, les os sont broyés, le blessé pousse des cris de douleur atroces; le capitaine juge qu'il ne convient pas de débarquer cet homme ici; il est préférable, dit-il, de le conduire le plus vite possible à l'hôpital de Niigata, où l'on trouve des chirurgiens expérimentés, méritant bien plus la confiance qu'un simple médecin de village, et qui décideront, en connaissance de cause, si l'amputation est nécessaire; je crois, comme lui, que c'est en effet le meilleur parti à prendre.

Nous partons donc à toute vitesse et passons devant Oussenï, sans nous y arrêter, malgré les appels réitérés de quelques voyageurs; c'est que l'on aperçoit sur la berge quantité de marchandises qui nous feraient perdre un temps précieux. Enfin, après un dernier stoppage à Sakaya, nous sommes en face d'Ono à 1 h. 25 m. ét nous arrivons à Niigata à un peu plus de 2 heures du soir.

Notre traversée s'est donc effectuée en sept heures quarante minutes; mais, si l'on tient compte du temps perdu aux échouages, aux stoppages et surtout au transbordement, nous n'avons pas plus de six heures de marche.

Des commerçants japonais ayant souvent fait le voyage m'assurent que pendant les hautes eaux, les vapeurs pouvant passer partout sans avoir à chercher comme aujourd'hui, tantôt à droite, tantôt à gauche, un chenal praticable, ce trajet s'accomplit parfois en quatre heures; cela me paraît fort croyable, car, en somme, la distance à parcourir étant d'environ 53 milles marins, une vitesse moyenne de 14 milles à l'heure ne présente rien d'extraordinaire, surtout lorsqu'il faut en attribuer près d'un tiers au courant, d'autant plus rapide que le volume d'eau devient plus considérable.

D'après les données qui m'ont été fournies dans les diverses stations ou auberges, ainsi que par les traîneurs de djinriki que j'ai employés, tant dans cette province que dans l'autre, la distance totale de Tokio à Niigata, par la nouvelle route, est d'un peu plus de 105 ri, tandis que par l'ancienne, décrite dans le *Guide de Satow*, l'on ne parcourait guère que 89 ri.

L'adoucissement des pentes, et souvent la construction des ponts, ayant nécessité des courbes et des replis en nombre considérable, il n'y a pas lieu de s'étonner de cet accroissement des distances. Pour la passe seulement, entre Shimidzeu et Youbisso, en s'en rapportant aux chiffres officiels inscrits sur les poteaux indicateurs, et à ceux donnés dans l'ancien itinéraire, l'augmentation n'atteint pas moins de 5 ri et 8 tchios ; en d'autres termes, le parcours par la nouvelle voie est, à peu près, double de celui par l'ancienne.

A l'entrée de la ville de Niigata, on aperçoit dans le jardin public, situé au bord du fleuve, une grande construction à l'européenne : c'est le lieu de réunion des membres de l'assemblée provinciale ou conseil général du département, qui se trouvent actuellement en vacances.

Presque en même temps, nous admirons devant nous un immense pont en bois, dont les extrémités semblent vouloir s'élancer par-dessus les toits des maisons de la rive ; les eaux étant très basses en ce moment, son tablier, non encore achevé, et qui n'a pas moins de 30 pieds de large, se trouve à une hauteur de 8 mètres au-dessus du niveau actuel du fleuve, ce qui ne contribue pas peu à rendre cet ouvrage imposant ; sa longueur est de 865 mètres, soit 35 de plus que celui de San-djio ; mais ce dernier, disparaissant en partie dans

les arbres, est loin de présenter un aspect aussi remarquable; ici, le fleuve ne forme plus qu'un seul bras, et
le pont de Niigata nous apparaît, d'un bout à l'autre,
d'une manière si distincte que l'on pourrait compter
toutes les pièces de bois qui le composent.

UNE VUE DE NIIGATA A LA SORTIE
DU JARDIN PUBLIC.

(D'après une photographie.)

Notre petit steamer ayant passé sous l'une des arches
du milieu, sans prendre la peine d'abaisser sa cheminée,
vient immédiatement après sur bâbord, et ayant évité
debout au courant, nous accostons au débarcadère, sur
la rive gauche; devant nous, sont amarrés d'autres
vapeurs de la même compagnie, et dont deux se trouvent
complètement abrités par la première arche du pont.

Le propriétaire du restaurant international, auquel
j'avais eu soin de télégraphier la veille de mon départ
de Nagaoka, s'est empressé d'envoyer un de ses employés
à l'arrivée du bateau; des djinriki sont prêts pour nous

et nos bagages et en moins de dix minutes nous arrivons à la porte de l'hôtel; il était temps : la pluie, qui menaçait depuis le matin, a commencé à tomber en larges gouttes au moment où nous avons débarqué, et à peine ai-je mis le pied hors de mon véhicule qu'une averse épouvantable arrive : toutes les cataractes du ciel sont ouvertes.

Le personnel de la maison, au grand complet, est là, bien plus pour nous regarder que pour nous recevoir, et tous les voisins sont venus se grouper sous la vérandah, pour le même objet; car c'est un événement assez rare que l'arrivée d'un Européen dans la bonne ville de Niigata.

Me tournant vers le groupe le plus nombreux : « Je vous apporte à tous, leur dis-je, un cadeau de grande valeur, et qui vous fera plaisir, j'espère. » Les visages prennent une expression d'étonnement, les uns sont surpris de m'entendre parler leur langue, les autres, surtout le sexe faible, attendent avec impatience que je déballe mon cadeau. « Ce cadeau, leur dis-je, c'est la pluie. »

La curiosité se change en enthousiasme; il y a bien eu, peut-être, sur le moment, quelques déceptions, mais elles sont passées inaperçues. Chacun bénit mon arrivée, sinon la pluie. La sécheresse durait depuis plus de quarante jours (c'était d'ailleurs le cas de Yokohama au moment de mon départ); la navigation du fleuve allait s'arrêter par suite du manque d'eau, les récoltes risquaient d'être perdues; et, les prières réitérées des bonzes de tous les cultes demeuraient sans effet. Comment le voyageur qui apporte la pluie ne serait-il pas le bienvenu?

DEUXIÈME PARTIE

SÉJOUR A NIIGATA. — VISITE AU PUITS A PÉTROLE DE NIITSEU.
PROMENADE INVOLONTAIRE EN RADE.

CHAPITRE PREMIER

Le restaurant international et son propriétaire.

Mardi 24 août. — La pluie tant désirée n'a cessé de tomber durant la nuit entière; mais, dès le matin, les ondées arrivent par intervalles de plus en plus espacées, ce qui nous fait espérer le prochain retour du beau temps.

Nous avons fait la grasse matinée : on se sent heureux de retrouver un lit à l'européenne, fût-il même peu moelleux, ce qui d'ailleurs n'est pas ici le cas, quand on a passé plusieurs nuits consécutives sur les tatamis des auberges japonaises; car, dans les maisons de ce pays, les meubles brillent en général par leur absence totale, les indigènes n'éprouvant pas le besoin d'adopter nos tables, nos chaises et autres accessoires de notre civilisation; pour eux, la natte suffit à tout; c'est accroupi sur la natte que l'on prend ses repas et c'est encore sur la même natte que le soir on se couche.

En attendant que le vent du sud achève de chasser les nuages et la pluie, et avant de parcourir la ville, passons d'abord l'inspection de notre logis. L'établissement de M. M... est plutôt un restaurant qu'un hôtel, et, malgré ses protestations, je soupçonne fort notre hôte de m'avoir cédé sa propre chambre à coucher et d'avoir installé mon domestique à côté, dans celle de son comptable, un Japonais à figure intelligente et d'une certaine distinction. L'espace ne manque pourtant pas : il serait· facile d'aménager cinq ou six petits appartements pour recevoir les voyageurs. Le propriétaire juge sans doute que cela n'en vaut guère la peine, car il ne passe pas dix étrangers dans le courant de l'année, et, parmi ceux qui s'arrêtent ici, le plus grand nombre, sinon tous, sont les hôtes du gouvernement. Je lui fais observer que les communications devenant moins difficiles, il doit s'attendre à voir, un peu plus souvent, des visages européens, et je lui conseille, en conséquence, de se décider à meubler quelques chambres.

Sur le devant de la maison, s'élèvent deux pavillons symétriques, encadrant le petit jardin de la façade; à gauche, c'est la salle de billard; à droite, ouvrant d'un côté sur la rue, se trouve le magasin de vente, comprenant la boucherie; car notre homme a plusieurs cordes à son arc. Toutefois, la consommation de la viande est bien loin d'avoir fait dans cette région les mêmes progrès que dans les autres ports ouverts : c'est à peine si dans la meilleure saison l'on tue deux bœufs par semaine; fort heureusement, ici comme à Nagaoka, la neige comprimée est abondante; le sous-sol du magasin est transformé en glacière.

J'ai vu, chaque matin, ouvrir les panneaux des com-

partiments aux viandes, aux fruits et aux légumes pour
y faire glisser des blocs de neige énormes, pris tout à
côté, ressemblant à de véritables pierres de taille.

La cuisine et les dépendances occupent une vaste surface : c'est qu'en hiver, il est indispensable de faire ses
provisions pour une période de plusieurs mois.

La clientèle ordinaire étant exclusivement locale,
c'est-à-dire japonaise, le premier étage se trouve consacré
tout entier au restaurant ; sur le devant, un grand salon
à peu près carré, n'ayant pas moins de 10 mètres de
côté, sert tantôt de lieu de réunion, tantôt de salle à
manger ; sur le derrière, dans une pièce toute en longueur, une table de cent couverts est presque constamment mise. Les membres des administrations du département, ceux des diverses associations commerciales,
financières ou autres, se réunissent assez fréquemment,
et, suivant en cela l'exemple qui leur est donné par leurs
collègues de la capitale, ils renoncent, dans ces occa-
sions, aux mets nationaux pour savourer la cuisine
européenne.

En dehors des autorités, de la banque et du haut
commerce, on ne voit guère entrer ici que quelques
rares clients de passage ou des familles de la ville,
venant goûter aux plats européens, bien plus par curiosité que par gourmandise.

Notre hôte a construit sur le sommet de sa maison
un belvédère d'où le coup d'œil embrasse la plus grande
partie de la ville, mais en somme on n'aperçoit que des
toitures ; il espérait de là voir la mer, j'estime qu'il s'en
manque au moins 7 à 8 mètres pour que le regard puisse
s'étendre par-dessus les dunes de sable qui bordent la
côte ; mais l'utilité de cette installation est incontestable
en cas d'incendie dans le voisinage, car elle permettrait

d'arroser tout le dessus de la maison et de prévenir le danger. Les divers corps de bâtiments sont couverts en tuiles, ce qui est assez rare dans le pays, car, tout autour on n'aperçoit que chaumes ou bardeaux, mais les murailles et les cloisons sont, comme partout ailleurs, en bois.

L'établissement, vu par sa façade principale, avec ses vérandahs vitrées et son belvédère sur le milieu de la toiture, présente une assez belle apparence; à mon arrivée par la rue étroite, bordée de maisons japonaises, perpendiculairement à la grande avenue sur laquelle il se trouve situé, et conduisant en ligne droite à la porte d'entrée, d'où je ne distinguais pas encore l'enseigne « Restaurant International », je me demandais si mes djinriki, faisant erreur, ne me conduisaient pas à la préfecture.

Dans une rue latérale, à 200 mètres en arrière du restaurant, sur un lot de terrain assez vaste, est établie la laiterie; on y remarque, çà et là, quelques carrés plantés de choux, légume que le propriétaire cultive tout autant pour ses ruminants que pour les clients de l'hôtel. La vente du lait me paraît être l'un de ses principaux revenus; la boucherie, ainsi que je l'ai déjà dit, a bien peu d'importance, et, pour ce qui est de l'écoulement des provisions liquides ou autres et des conserves alimentaires, il ne peut guère compter que sur la clientèle des voyageurs étrangers ou des quelques bien rares résidents indigènes qui savent apprécier la qualité de la marchandise, car les magasins japonais sont remplis de toutes sortes de contrefaçons ou d'imitations de produits européens.

Je n'entreprendrai point de faire ici le portrait de notre hôte; je dirai, toutefois, que, malgré son isolement, il ne me paraît pas atteint du spleen; il jouit d'une santé robuste et sa figure joviale porte facilement dix ans de moins que son acte de naissance. Sans chercher à me faire expliquer comment il avait pu venir s'échouer dans une ville aussi triste que Niigata, j'ai appris qu'il était arrivé au Japon en qualité de commis aux vivres à bord d'un bâtiment de guerre de la marine italienne. L'un des Mille de Marsala, il avait eu autrefois sous ses ordres ceux dont il a dû relever lui-même dans la suite; mais il n'en est pas plus fier pour cela; les quelques Européens qui visitent son établissement sont traités bien plus en amis qu'en clients, et c'est pour lui une véritable fête que de les recevoir et de leur servir de guide au besoin.

Je ne puis cependant passer tout à fait sous silence les conséquences de cette existence isolée, sur le langage et le style de l'homme. M... est avant tout un homme de cœur, ayant un amour-propre poussé à l'extrême, possédant un certain savoir-faire joint à une grande énergie; — et il en faut pour vivre pendant des années en contact continuel avec les indigènes et rien qu'avec eux; — mais, si son instruction première n'a pas été négligée, elle a cessé du moins, depuis longtemps, de lui venir en aide. Sa conversation est un mélange tellement émaillé d'expressions de langues différentes, qu'il faut se demander s'il se comprend bien lui-même; on entend dans une même phrase des mots anglais, français, japonais, hollandais et allemands; si j'ajoute que notre hôte, constamment d'une humeur joviale, est porté à vous raconter des histoires rabelaisiennes, et surtout à faire des calembours polyglottes, on comprendra sans peine que son gros rire aidant, sa narration soit des plus inintelligibles.

Son exil volontaire de quinze ans dans la ville de Niigata lui a sans doute fait oublier tous les langages européens qu'il a pu connaître autrefois; il va sans dire que, par compensation, son contact avec les indigènes lui a fait acquérir une connaissance assez convenable de la langue du pays.

Quant à son style, il est absolument le même que sa conversation; et, ici je suis bien convaincu qu'il ne saurait parvenir à déchiffrer lui-même ce qu'il écrit; des expressions de tous les idiomes européens ou asiatiques; une orthographe qui ne tient ni des uns ni des autres, car il serait difficile de décomposer ses mots en syllabes, beaucoup d'entre eux brillant par l'absence complète de toute voyelle. Aussi, en homme prudent, qui a conscience de ses œuvres, a-t-il, depuis quelque temps, renoncé à prendre la plume, même pour donner de ses nouvelles aux amis. Ses affaires étant toutes dans le pays, la langue japonaise lui suffit; il s'en rapporte, tant pour ses comptes que pour sa correspondance, à son secrétaire japonais; je ne puis en cela qu'approuver sa décision, car elle évite à ses correspondants des efforts d'interprétation qu'aucun dictionnaire connu ne saurait aider.

Le brave M... ne me gardera certainement pas rancune de ce portrait, en apparence peu flatteur, seul le lecteur trouvera peut-être cette digression trop longue; mais j'avoue que je me suis laissé entraîner par des réminiscences personnelles.

Le cas de M... n'est pas une exception bien rare; ils sont nombreux les Européens perdus hors des limites de la civilisation et que les explorateurs ont rencontrés dans les régions les plus diverses. N'a-t-on pas vu chez les Achantis et chez les autres peuplades de l'Afrique en Abyssinie, à la cour du Négus, dans l'intérieur de l'Inde et de la Birmanie, bien avant que ces

derniers pays fussent en communications régulières
avec l'Europe, des Français ou des Italiens occuper des
situations importantes, dues le plus souvent au hasard,
qui avait rompu leurs relations avec le monde civilisé?
J'ai encore présent à l'esprit le récit d'un missionnaire,
bien connu par ses voyages, découvrant en plein centre
de la Chine un ex tambour de l'armée française, élevé
au grade de mandarin et ne pouvant plus s'exprimer
dans sa langue maternelle.

Dans les trente années de mon existence passées à
l'étranger, j'ai eu l'occasion de rencontrer et même de
connaître, personnellement, plusieurs de ces exilés forcés ou volontaires; on les désigne assez souvent, à tort
ou à raison, sous le nom d'aventuriers; mais il n'en
est pas moins vrai que s'il se trouve dans le nombre
quelques gens sans aveu, ils sont généralement d'un
courage à toute épreuve; et beaucoup d'entre eux, tout
en ayant fui l'ancien monde, ont mérité d'être appelés
les pionniers de la civilisation.

Il est 10 heures; le temps s'est remis au beau : le
parapluie n'étant plus nécessaire, nous pouvons com-
mencer à visiter la ville.

CHAPITRE II

La ville de Niigata. — Topographie, climat, constructions. — Population. — Le port de Niigata : la barre du Shinano. — Commerce maritime.

Niigata, chef-lieu du département du même nom, est situé par 37°55′ de latitude nord, et 136°27′ de longitude est; la ville se trouve bâtie tout entière sur la rive gauche du Shinano gawa, et à très petite distance de son embouchure; ce fleuve, le plus important de tous les cours d'eau du Japon, se dirige du sud au nord, dans la dernière partie de son cours.

L'aspect du pays est assez monotone, car les montagnes que l'on aperçoit à l'horizon, au-delà de la plaine immense couverte de rizières et dont le niveau se trouve parfois plus bas que celui du fleuve, sont à une très grande distance; mais ce qui contribue surtout à rendre le paysage plus triste, ce sont les dunes de sable, d'une vingtaine de mètres d'élévation, qui limitent complètement la vue du côté de la mer.

Les constructions sont généralement en bois; les

7

les premières rafales, les planches des murailles sui-
vraient le même chemin que leur couverture, et des
maisons il ne resterait bientôt plus que les squelettes,
c'est-à-dire les principales pièces de bois de la char-
pente. On cite des ouragans qui ont causé autant de
dégâts que les plus grands incendies; pendant le typhon
du 21 août 1874, les habitations furent toutes plus ou
moins endommagées.

Malgré les longs froids de l'hiver et les fortes chaleurs de l'été, le climat est assez sain; on jouit dans
la belle saison d'une brise de terre la nuit, et de la
brise de mer le jour; pendant les mois d'hivernage, ce
sont les vents du nord puis du nord-ouest qui dominent.

Je ne puis m'empêcher de remarquer dès les premiers pas de notre promenade que, malgré la pluie torrentielle de la nuit dernière, les rues sont complètement
sèches; on n'y rencontre pas la moindre flaque d'eau.
Cela tient tout autant à la nature du sol qu'à la facilité
du drainage à sa surface. L'emplacement de Niigata,
comme celui des autres principales localités du même
littoral, bâties presque toutes à l'embouchure d'un cours
d'eau plus ou moins important, est entièrement de
formation alluviale; l'eau se trouve donc rapidemnt
tamisée et absorbée par ces couches de sable durci, et
les écoulements dans les nombreux canaux et la rivière
ne font jamais défaut, quelle que soit l'intensité de la
pluie. Aussi la ville est-elle d'une propreté remarquable
dans tous ses quartiers; en outre, elle est construite
sur un plan qui pourrait servir de modèle à tous les
grands centres du Japon, situés à proximité de la mer
ou sur les bords des fleuves et rivières.

Les rues se coupent à angles droits; les principales
se dirigent du sud au nord, et au milieu de la plupart

d'entre elles coule un canal de 6 à 7 mètres de largeur,
sur lequel circulent des barques chargées de toutes
sortes de produits du pays. Les rives de ces canaux
sont plantées d'arbres, généralement de saules (yanaghi)
et d'ailantes, ce qui égaie un peu l'aspect monotone et
triste de ces rues sablonneuses, d'autant moins fré-
quentées que les transports se font presque exclusivement par eau. Les quais, de chaque côté de ces cours
d'eau, sont assez larges pour le passage de deux et
même de trois voitures, si toutefois il y en avait; car,
je dois constater que pendant tout mon séjour je n'ai
aperçu que deux fonctionnaires à cheval, mais pas le
moindre véhicule attelé; les charrettes à bras sont assez
rares et les djinriki fort peu nombreux; il n'existe
aucune station de ces derniers et je n'en ai vu faire
leurs offres de service qu'en un seul endroit, au débarcadère des vapeurs de la rivière; aussi est-il prudent
de s'y prendre à l'avance pour s'en procurer. Cette
rareté de petites voitures contraste singulièrement avec
les encombrements que l'on en trouve à Yokohama et
à Tokio, où, par moments, elles nous paraissent plus
nuisibles qu'utiles par les importunités incessantes des
traîneurs, et la gêne qu'elles apportent à la circulation.

Malgré le peu d'animation qui y règne, la ville de
Niigata, avec ses belles rues droites et propres, le plus
souvent perpendiculaires entre elles, présente un coup
d'œil assez agréable au premier abord; des canaux,
pareils à ceux des grandes avenues, existent aussi dans
un grand nombre des rues transversales, et l'on pourrait presque dire que chaque habitant a la facilité de
venir en bateau jusqu'à la porte de sa maison. Le
nombre des petits ponts jetés sur ces canaux se chiffre
par centaines, sinon par milliers; en certains endroits,

dans les intervalles des rues qui aboutissent aux principaux d'entre eux, chaque habitation a le sien.

Je constate, avec plaisir, que, malgré les chaleurs de la saison, il ne s'émane de ces nombreux cours d'eau aucune exhalaison putride; on ne saurait en dire autant de Yokohama, où les miasmes des canaux de ceinture et surtout des égouts dans le quartier du marais, n'échappent à l'odorat d'aucun résident.

Le choléra sévit, en ce moment, dans le Japon presque tout entier, et l'on cite dans le ken de Niigata des villages décimés par cette épidémie, mais le chef-lieu de la préfecture jouit d'une salubrité exceptionnelle, car c'est à peine si l'on signale deux ou trois décès cholériques par jour dans cette agglomération de 50 000 habitants. Ainsi qu'il arrive le plus souvent en pareilles circonstances, la peur produit beaucoup plus d'effet que le mal, et si la ville, d'ordinaire peu animée, paraît encore plus triste et plus abandonnée en ce moment, c'est que, par mesure de précaution, dès l'apparition de la maladie, toutes les écoles ont été fermées; les riches propriétaires ou marchands, ainsi que les fonctionnaires qui ont pu quitter leurs postes, sont en villégiature dans les montagnes ou dans les villes d'eaux des autres provinces.

L'absence de toute mauvaise odeur et l'excessive propreté de ses rues empêchent de comparer cette Venise du Japon à une cité chinoise; cependant la vue, sur la rivière, de grandes jonques aux formes antiques, la circulation, sur les canaux, de nombreuses petites barques, rappellent jusqu'à un certain point l'abord des villes situées sur les rives des fleuves du Céleste Empire; j'ajouterai même que l'accent des habitants, fort différent de celui de leurs compatriotes de

la côte Est du Japon, contribue un peu à cette illusion
qui ne saurait durer, je le répète, que le temps de la
concevoir.

La population de la ville de Niigata comprend aujourd'hui 50 000 habitants; toutefois, dans ce chiffre,
la proportion de l'élément étranger est bien minime :
noyées ou, pour mieux dire, exilées au milieu de cette
agglomération d'indigènes, on ne compte actuellement
que sept personnes appartenant à trois nationalités
différentes : deux missionnaires français, deux pasteurs
américains avec leurs femmes, et ..... le restaurateur
italien.

L'établissement de ce dernier est situé dans l'une
des grandes avenues vénitiennes de la ville, le Nishi-
Bori (canal de l'Ouest), sur laquelle se trouvent aussi les
principaux édifices du gouvernement. En sortant du
restaurant, tournant à droite pour suivre le même bord
du canal, on passe successivement devant la station
de police (l'Hôtel de ville), les bureaux de la poste et
du télégraphe et la Bourse des riz; tous ces bâtiments,
à la suite les uns des autres, appartiennent à un genre
d'architecture semi-européenne qui ne saurait donner
aucune idée des usages auxquels ils sont affectés. Un
peu plus loin, dans un vaste emplacement entouré
d'une grille, apparaît le Kentchio (bureaux de la préfecture et palais du gouvernement); dans la même
enceinte, on aperçoit les fondations d'un nouveau
monument assez vaste, que l'on me dit être une préfecture de police.

En se dirigeant vers le jardin public, on contourne
le Saïbantchio (tribunal) : il y a ici cour d'appel, cour
d'assises, tribunal de première instance, tribunal cor-
rectionnel, justice de paix, etc., etc.; la haute palissade

en planches qui ne nous laisse entrevoir que le premier étage des principaux bâtiments renferme des constructions fort vastes sinon monumentales.

Prenant à droite pour revenir ensuite sur nos pas, par une autre avenue, nous passons près de l'Hôpital général. La ville de Niigata, en dehors de ses nombreuses écoles municipales, possède une faculté de médecine fréquentée par près de deux cents étudiants; les cours d'accouchement sont suivis par une trentaine de femmes. En ce moment le quartier des écoles est désert, c'est l'époque des vacances, et la rentrée des classes sera retardée jusqu'à la disparition complète du choléra.

Derrière le Kentchio se trouvaient autrefois les casernes, mais la garnison, qui se composait d'environ trois mille hommes, a été transférée dans la ville de Shibata, d'une population de 20 000 âmes, et située à 30 kilomètres du chef-lieu de la préfecture, de l'autre côté du fleuve; cette localité possède un ancien château-fort assez vaste pour le logement des troupes; les constructions y sont moins exposées aux incendies qu'à Niigata, et les collines environnantes se prêtent mieux aux manœuvres et aux exercices que les dunes de sable de l'embouchure du Shinano gawa; l'état sanitaire de la garnison y est beaucoup plus satisfaisant, car, quoique le climat de la côte soit naturellement très sain, on reproche à la réverbération des sables l'été, et à celle des neiges l'hiver, les maladies d'yeux si communes au Japon et qui le sont beaucoup plus dans cette région que dans les provinces de l'Est ou du Midi.

Nous continuons notre promenade dans la rue des Temples (Teramatchi); sur notre gauche, c'est une suite

HOTELLERIE JAPONAISE. (D'après une photographie.)

ininterrompue d'entrées de chapelles ou d'avenues pavées de larges dalles et bordées de lanternes en pierre ou en bronze et qui conduisent à des temples bouddhiques, dont plusieurs assez vastes sont entourés de jardins; çà et là se trouvent aussi des monastères ou bonzeries; les traces de l'incendie sont encore récentes : la piété des fidèles ne paraît pas s'empresser beaucoup d'aider par ses offrandes à la reconstruction des édifices brûlés. Les bâtiments de la mission catholique ne sont pas très éloignés de cette rue païenne.

Tout à fait en dehors de la ville, derrière le quartier des temples, se trouvent les prisons; elles abritent en ce moment 1 400 pensionnaires; ce chiffre n'est pas très important, eu égard à celui de la population de toute cette province.

Je ne sais s'il faut attribuer au choléra la tranquillité qui me paraît régner partout.

Plusieurs de mes lecteurs ignorent sans doute que l'intérieur du Japon reste encore complètement fermé aux étrangers; les négociants de diverses nationalités, établis dans ce pays, sont astreints à résider dans des limites assez étroites et ne peuvent se livrer au commerce que dans certaines villes maritimes désignées dans les traités. Les principaux de ces centres commerciaux sont Yokohama et Kobé; les étrangers sont admis aussi à résider et à trafiquer à Osaka, Nagasaki, Tokio, Hakodate et enfin à Niigata, qui, en tant que port ouvert au commerce extérieur, a virtuellement cessé d'exister. En effet, depuis plusieurs années, la douane de cette dernière place n'a eu à enregistrer aucune entrée ou sortie en provenance ou à destination directe d'une localité quelconque hors du Japon. Ce fait seul explique suffisamment l'absence de toute maison de commerce étrangère; mais il ne faut pas cependant en conclure qu'il ne s'y consomme aucun produit européen; les négociants indigènes s'approvisionnent des articles d'importation chez leurs compatriotes de Tokio, lesquels, pour la plupart, s'adressent eux-mêmes à Yokohama, et c'est sans doute en partie à l'emploi de trop nombreux intermédiaires qu'il faut attribuer l'abondance des contrefaçons de toutes sortes. Les marchandises d'origine européenne, ayant ainsi passé, à leur arrivée, par la douane d'un port du Japon avant d'être livrées à Niigata, ne sont point portées aux tableaux du commerce de cette dernière ville; elles y arrivent, soit par terre, soit par mer, par les bateaux qui desservent toutes les côtes de l'empire. De même à l'exportation, le riz et les autres produits expédiés à Kobé ou à Yokohama, quoique portés sur les relevés de la douane de Niigata, doivent figurer, à leur sortie pour l'étranger, dans le commerce de ces deux derniers ports, quand il y a réexpédition pour l'extérieur.

Mais, ainsi que l'on peut en juger par les mouvements de la navigation côtière toute sous le pavillon national (j'ai déjà dit qu'il n'en existe pas d'autres dans ces parages), à l'entrée et à la sortie, et par les quantités ou valeurs des marchandises passées en douane, le commerce maritime de Niigata reste à peu près stationnaire; les statistiques de 1885, données ci-après, ne différant sensiblement pas, dans leur ensemble, de celles de chacune des cinq ou six années précédentes.

A l'entrée, on comptait, pour l'année entière, 210 bâtiments de forme européenne, vapeurs ou voiliers, et 5 376 jonques; à la sortie, 200 navires de la première catégorie et 4 447 de la deuxième. Les chargements se composaient principalement : à l'importation de sel et de sucre, ces deux produits figurant pour une valeur de yen : 2 141 217, et à l'exportation de riz, évaluée à yen : 2 011 161.

Cet état stationnaire du commerce dans une ville située à l'embouchure du plus grand fleuve du Japon, et chef-lieu d'une des provinces les plus riches au point de vue de l'agriculture, est dû surtout à l'absence d'un mouillage convenable pour les navires.

Par suite de la barre de sable qui existe à l'entrée de la rivière et qui augmente sensiblement d'une année à l'autre, seules les jonques d'un faible tirant d'eau peuvent arriver jusqu'à Niigata même; les bâtiments d'un fort tonnage sont obligés de mouiller en pleine rade, à près de 2 milles au large, exposés à tous les coups de vent; aussi, à l'approche du moindre mauvais temps, doivent-ils appareiller pour aller chercher un refuge sur les côtes de l'île de Sado, d'autant plus que les fonds de sable des rades de tout ce littoral n'offrent qu'une très mauvaise tenue aux ancres. Il en résulte que l'embarquement et le débarquement des marchandises deviennent plus que difficiles et que l'on ne saurait compter sur une navigation régulière.

Divers projets ont été mis à l'étude pour la création d'un port, mais aucun d'eux n'a reçu encore la sanction du gouvernement, ni le moindre commencement d'exécution.

Ce n'est là cependant qu'une question de calcul et d'argent; sur le premier point, le Japon a, comme sous beaucoup d'autres rapports, l'avantage de pouvoir profiter de l'expérience acquise par les autres nations, depuis nombre d'années, dans les travaux de ce genre; il peut aussi utiliser les inventions modernes que ces entreprises ont provoquées dans l'outillage industriel, et arriver de ce fait à opérer dans les meilleures conditions d'économie possibles et à déterminer d'avance, à une grande approximation, sinon avec exactitude le coût définitif de l'ouvrage.

Sans parler des autres pays, on peut citer, en France, à ce propos, les travaux effectués aux embouchures de la Seine et de la Loire, et surtout ceux du port Saint-Louis sur l'une des bouches du Rhône, pendant ces dernières années; le creusement des canaux de Suez et de Panama a fait faire un pas immense dans le perfectionnement des machines employées pour ce genre d'opérations.

Quant au côté financier de la question, il ne me paraît pas difficile à résoudre; les capitaux indigènes, sans être abondants, pourraient suffire; la main-d'œuvre est à bas prix, et, d'ailleurs, la prospérité commerciale qui résulterait de la création d'un port à Niigata, compenserait largement, et en peu d'années, les sacrifices d'argent que cette œuvre aurait entraînés.

Les vapeurs de la Compagnie postale japonaise, subventionnée par l'État, desservent tous les points principaux de la côte Ouest du Japon; en dehors des paquebots du service direct hebdomadaire, entre Yokohama et Niigata, on voit faire escale ici aux navires de la même compagnie employés au cabotage entre Hakodaté et Kobé, viâ Nagasaki et autres ports.

Quelques petits steamers appartenant à des particuliers ou à des associations locales relient aussi Niigata avec différents ports de la même région, et vont même jusqu'à l'île de Yesso.

Quant à la navigation fluviale, elle est convenablement représentée; les nombreux petits vapeurs, en ce moment amarrés près du grand pont, entretiennent, pendant les hautes eaux, et surtout à l'époque des récoltes, des communications ininterrompues entre le chef-lieu et les principales localités de la rivière et de ses affluents.

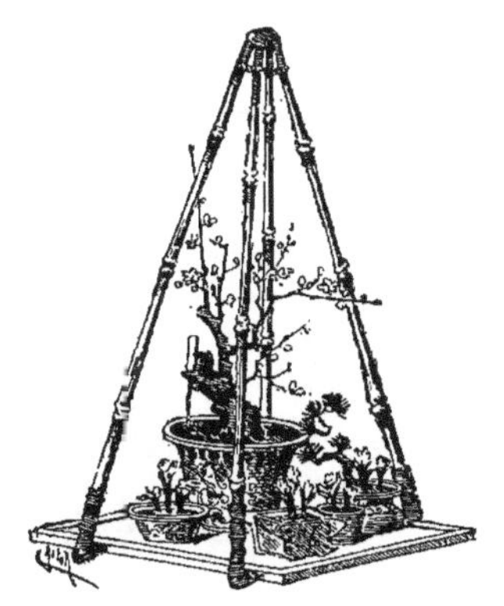

CHAPITRE III

**Excursion à Niitseu. — Le bac d'Ono. — Une vipère noire. —
Oghidjima. — Niitseu : ses puits à pétrole; gaz combustible.
— Retour à Niigata.**

Mercredi 25 août. — Le *Miyoshi-marou*, n'étant pas
revenu de son précédent voyage, par suite du mauvais
temps, il n'y a eu hier aucun départ ni pour Sado, ni
pour Naoetseu, et il n'y en aura probablement aucun
aujourd'hui; je ne puis donc me disposer encore à
prendre le chemin du retour, il me suffira, d'ailleurs,
de partir d'ici le 27 pour atteindre Yokohama dans la
soirée du 31.

Il s'agit de mettre à profit le temps qui me reste.

La ville ne m'offre plus rien d'intéressant, et, malgré
le ciel couvert qui paraît bien nous promettre un peu
de pluie, je me décide, après une longue hésitation,
pour l'excursion à Niitseu. M*** consent à m'accompagner; ayant empaqueté à la hâte quelques provisions

pour la journée, nous nous mettons en route à 9 heures en djinrikishia à deux hommes.

Passant près du jardin public, nous suivons, pendant les deux premiers ri, la grande route bordée de poteaux télégraphiques et ornée, de distance en distance, des nouvelles bornes milliaires que j'ai signalées en venant, au delà de Nagaoka; au village d'Heidjima, nous traversons sur un pont dont nous aurons à régler le péage à notre retour, le Nishi-gawa, dernier affluent de gauche du Shinano-gawa. Au troisième ri, nous prenons un chemin de traverse qui nous conduit au bord du fleuve, pour rejoindre la route, à 12 tchios plus loin, à l'entrée du village d'Ono, où nous arrivons à 10 heures; jusque-là notre vitesse est bonne, car nous avons fait plus de 13 kilomètres depuis le départ.

Nous descendons un bout de rue qui mène au fleuve, pour y prendre le bac; il y a ici une échelle graduée, mais le passage n'est pas des plus fréquentés; les bateaux qui servent à traverser sont longs et étroits, tellement étroits que nos djinriki ne peuvent y rentrer; les roues de nos véhicules se meuvent le long du bord au contact de l'eau, et je m'amuse à accélérer leur mouvement de rotation, aidant ainsi, d'une quantité de force peu appréciable mais réelle, à l'impulsion de notre canot transformé, par les circonstances, en bateau à aubes. Nous passons entre deux îles formées ici par le Shinano-gawa, celle d'Amano au sud, c'est-à-dire à notre droite, et celle plus grande de Saïsso-Kawahaï, à gauche.

En abordant sur la rive droite, nous suivons, pendant une demi-heure, un sentier à peine tracé et envahi par les grandes herbes, où nous sommes obligés de descendre de voiture à chaque instant;

mais avant peu une grande route passera par là, car je remarque, sur chaque bord, numérotés dans les deux sens, des piquets kilométriques de date récente. Tout à coup mon cheval à deux jambes s'arrête net; il pousse successivement trois ou quatre cris gutturaux : Hou! hou! hou!...; j'aperçois, au milieu du chemin, une vipère noire, la première que j'ai vue de la saison; aux cris poussés par mon homme, elle se déroule lentement, puis se range, sans se presser, sur le bord du chemin; c'est un serpent très dangereux, me dit-on.

Ayant pris ensuite le chemin assez large établi sur la digue même du Shinano, nous arrivons à 11 heures au village important de Sakaya, où font escale les bateaux à vapeur des diverses lignes fluviales.

La largeur de la route, très irrégulière, varie entre 10 et 20 pieds; en dedans de la digue, un chemin en contrebas, bien entretenu, suit la même direction; il est bordé, sur tout son parcours, de fermes, entourées d'ombrages, ayant une apparence prospère et se succédant presque sans interruption; autour des habitations, des jardins potagers (à légumes japonais, bien entendu), des vergers où se trouvent surtout, en abondance, des poiriers en espaliers; derrière les maisons, les rizières s'étendant à perte de vue, entrecoupées çà et là par des cours d'eau et de nombreux étangs.

Après avoir traversé plusieurs hameaux, auprès desquels s'élèvent des temples ou *miyas* entourés de bouquets d'arbres séculaires, nous arrivons vers midi au village de Oghidjima; ici nous passons sur deux ponts très rapprochés et faisant entre eux un angle d'environ 45 degrés, les deux branches du Ko-Agano-gawa, cours d'eau mettant le Shinano en communication avec l'Agano-gawa, rivière qui descend du Ken de Yamagata; nous atteignons la ville de Niitseu environ une heure après.

Il est grand temps de déjeuner, et c'est avec plaisir que nous noùs arrêtons à l'auberge de Shimoniya-Kouhei, sur le bord de la petite rivière qui se jette dans le Ko-Agano-Kawa, appelé aussi Shin-Kawa, et tout près du pont, à l'entrée de la ville. Nous apercevons, de l'autre côté, de belles maisons à étages, enguirlandées de lanternes. Niitseu contient 800 feux, soit environ 5 000 habitants; l'on y trouve des théâtres, des gheishias, en un mot tous les plaisirs des grandes villes.

Nous rencontrons ici les premières voitures depuis notre entrée dans cette province, ou plus exactement depuis notre passage à Youbisso; ce sont des omnibus ou phaétons sur le modèle de ceux que l'on voit sur les routes du versant est des montagnes, et qui, naturellement, ne brillent ni par la propreté ni par l'élégance.

Le voisinage de la ville de Shibata (1), où, ainsi que je l'ai dit, se trouve la garnison, contribue, sans aucun doute, à la prospérité de Niitseu. La belle route qui se continue sur notre droite, va rejoindre, à Sandjio, celle de Nagaoka; le prolongement de gauche s'embranche à quelques licues d'ici sur celle reliant Wakamatseu, dans la province d'Aïdzeu, à la grande voie de communication des départements du Nord-Ouest, qui traverse, à petite distance de la côte, les ken de Yamagata et d'Akita, et de là se dirige sur Awomori.

(1) Niigata, Niitseu et Shibata sont situées aux trois sommets d'un triangle à peu près équilatéral; mais les deux dernières de ces villes, se trouvant du même côté du fleuve, les communications entre elles sont beaucoup plus faciles; il est probable qu'une fois le grand pont terminé, les officiers et les soldats de la garnison dirigeront leurs promenades tout autant du côté de Niigata que de celui de Niitseu.

Les puits à pétrole ne sont guère qu'à 3 kilomètres d'ici, mais le chemin, mal entretenu, étant à peine praticable pour les djinriki, il ne nous faut pas moins d'une demi-heure pour parcourir cette distance. L'aspect du pays n'offre rien de particulier; comme partout, ce sont des rizières dans la plaine et quelques arbres de distance en distance; la chaîne de collines, si l'on peut appeler ainsi les quatre ou cinq éminences de 20 à 30 mètres d'élévation sur les versants desquelles se trouvent les sources, forme cependant un contraste assez frappant avec la végétation des alentours; le terrain est un mélange de sable et d'argile; entre les sapins dont plusieurs atteignent des dimensions respectables, on ne rencontre que hautes herbes et broussailles, ce qui donne à ces lieux un semblant de pauvreté, un certain air de désolation ou plutôt d'abandon.

La première source se trouve sur la droite, à environ 200 mètres du sentier, au milieu de grands arbres qui abritent trois ou quatre baraques en bois où l'on recueille le liquide pour lui faire subir sur place, dans de simples chaudrons en plein air, une première épuration. Le puits le plus ancien, le seul intéressant pour les voyageurs, mérite une description particulière : il se compose de deux cuvettes en planches, de forme hexagonale et parfaitement concentriques; la cuvette intérieure, d'après ce que m'assurent les gens de l'endroit, n'est autre chose que la margelle du puits; elle a exactement 6 pieds de diamètre (1^m,80) et s'enfonce dans le sol jusqu'à une profondeur de 50 à 60 pieds (15 à 18 mètres).

Les Japonais ayant de tout temps su forer des puits artésiens, je m'informe si, au-dessous de ce niveau, il n'existe pas, selon les usages, des tuyaux en bois ou en bambous s'enfonçant plus avant dans la terre ; il m'est répondu que, la couche jaillissante ayant été atteinte, on n'avait pas creusé davantage.

L'eau jaillit et arrive à la hauteur du rebord de la margelle, mais, par suite du calcul du constructeur, elle ne déverse que d'une très faible quantité ; de forts bouillonnements avec intermittences bien marquées se produisent à la surface ; toutefois, il ne faut pas s'en rapporter aux dires des habitants de la région qui les attribuent à l'élévation de la température ; je me suis convaincu que l'eau était tout à fait tiède, sinon froide pour la saison : c'est donc simplement dans la présence de l'air et d'autres gaz que l'on doit chercher la cause de cette apparence d'active ébullition ; on perçoit d'ailleurs par moments une légère odeur sulfureuse. Le peu de variation dans le niveau du puits me paraît un fait assez curieux ; il y a lieu de supposer, ou bien qu'il existe un écoulement souterrain à peu près égal au débit de la source, ou que ce débit lui-même est peu appréciable.

Les six côtés de la cuvette extérieure sont exactement parallèles à ceux de la margelle qu'elle entoure ; son diamètre est de 18 pieds ($5^m,40$) de sorte que la galerie hexagonale servant de déversoir, mesure uniformément 6 pieds de large ($1^m,80$) tout autour. Dans chacun des angles du réservoir le fond est disposé un peu en pente pour permettre d'y recueillir le liquide ; tout l'espace compris entre les parois de la margelle et celles de la cuvette est rempli de petites branches vertes, coupées aux pins du voisinage, et dont je ne puis deviner l'utilité ; l'explication m'en est bien vite donnée : ce sont des éprouvettes, fort primitives il est vrai ; mais, si leurs indications ne peuvent être d'une

grande exactitude, en revanche leur prix de revient
ne saurait entrer en compte.

A chaque bouillonnement le puits déverse une petite
quantité d'eau plus ou moins mélangée de pétrole : ce
dernier liquide étant d'une densité un peu inférieure
à celle de l'eau, se maintient naturellement à la surface; l'eau est en partie évaporée, en partie absorbée
par le fond sablonneux de la cuvette; plusieurs fois
par jour les hommes préposés à l'exploitation retirent
les brins d'arbres plus ou moins saturés d'huile, et les
présentent à l'un des foyers allumés près des cabanes;
selon le plus ou moins d'activité que l'on remarque
dans la combustion, on juge s'il y a lieu de procéder
à l'enlèvement du mélange qui s'est déposé dans les
angles ou bien s'il convient d'attendre que de nouveaux déversements en aient augmenté le volume ou
amélioré la composition.

Il existe dans le voisinage une douzaine d'autres
puits en exploitation, mais celui-ci est le seul dans
lequel l'eau monte à la surface; partout ailleurs, le
liquide est tiré à l'aide de seaux et à bras d'hommes.
On m'assure que la première source donne journellement, d'une manière à peu près régulière, et sans
qu'il se produise aucun changement sensible dans son
niveau, un tô (environ 18 litres) d'huile.

La production totale de la localité est peu abondante actuellement, elle atteint environ 1 kokou et
2 ou 3 djio par jour, soit 183 ou 185 litres; en temps
ordinaire, elle n'est pas au-dessous de 5 kokous (1)
(900 litres).

---

(1) Depuis que ces lignes sont écrites, il résulte des renseignements reçus
de Niigata que l'exploitation des puits de Niitseu est complètement suspendue;
on n'a pu me dire pour quelle cause.

Les débuts de cette exploitation remontent à l'époque
de la Restauration (1868), mais le rendement des premières années était insignifiant; il atteignit son maxi-
mum de 1875 à 1880 pour suivre ensuite une progres-
sion constamment décroissante.

Ce résultat n'a rien d'étonnant en présence des
moyens primitifs employés et du peu d'activité qui
règne sur les lieux; les puits nouvellement creusés
sont loin de compenser ceux déjà abandonnés; on
s'occupe d'en approfondir quelques-uns, mais jusqu'à
présent on n'est pas allé ici plus bas que 46 ken
(80 mètres).

Retournant par un autre sentier, nous nous dirigeons vers la maison de Takémoura, située à 3 ou
400 mètres des puits.

L'habitation est d'une apparence des plus misérables;
elle se compose de deux pièces au rez-de-chaussée et
d'une petite salle de bain.

La curiosité des voyageurs est attirée en cet endroit
par le dégagement naturel de gaz combustible que je
suppose être du protocarbure d'hydrogène; dans la
principale pièce de la maison, un tuyau en bambou qui
ne s'enfonce que de 7 pieds dans le sol ($2^m,10$), terminé par une embouchure en fer, sert, soit pour l'éclairage, soit pour les besoins de la cuisine. Le gaz brûle
avec une flamme assez vive de couleur bleuâtre, mais
tournant un peu au rouge; aucune odeur ne s'exhale
pendant la combustion; et ce n'est qu'après, et à l'ori-
fice même du tuyau que j'ai pu discerner une légère
exhalaison sulfureuse.

La baignoire est également chauffée au gaz, et derrière l'habitation, dans un petit coin de jardin, pauvre
comme tout ce qui l'entoure, il existe un dégagement

plus important; c'est qu'ici l'on a pris la peine de creuser jusqu'à 18 pieds; l'odeur de soufre y est plus facile à percevoir.

L'habitation est occupée par un homme encore jeune que nous n'avons entrevu qu'un instant, sa femme et deux petits enfants; tous les quatre sont d'apparence maladive; mais on peut dire, à première vue, que ni la femme, ni le mari n'appartiennent à la classe commune; tout me fait présumer qu'ils sortent, sinon de la petite noblesse, tout au moins de quelque famille de *keraïs* (1).

Ce n'est pas sans peine que j'arrache quelques paroles à notre hôte, qui allie à la distinction de ses traits une physionomie à la fois triste et sympathique; la vue d'un étranger lui rappelle, sans aucun doute, avec amertume, les splendeurs du milieu où a dû s'écouler son enfance.

Je fais observer qu'il me semble très étonnant qu'on ne s'occupe pas plus activement de l'exploitation de cette région.

— Que voulez-vous que nous y fassions! me répond-il, moi aussi je crois, comme vous, à l'existence de richesses enfouies sous nos pieds, mais nous ne pouvons disposer que de nos bras, et le plus riche d'entre nous ne possède pas 15 yen de capital.

Après sa courte apparition de deux ou trois minutes, effectuée probablement dans le but de s'assurer du genre des visiteurs qui arrivaient, il nous quitte pour rentrer dans la pièce voisine; sous ses manières empreintes de la plus grande politesse, on découvre un fond de misanthropie ou de découragement profond.

(1) Expression servant à désigner non pas les domestiques, mais les gens qui faisaient autrefois partie de la suite des anciens nobles et leurs intendants.

Sa femme nous offre le thé traditionnel; ce n'est que sur nos instances réitérées qu'elle consent à garder la menue monnaie donnée à l'aînée de ses enfants.

Elle place sur la conduite de gaz un véritable lustre en bambou, composé de dix ou douze petites branches plantées perpendiculairement sur une plus grosse placée en travers, l'éclairage est parfaitement réussi, et je m'étonne que les bambous ne prennent pas feu. Nous lui faisons nos adieux et la laissons se confondant en remerciements.

Il y a dans les environs cinq ou six raffineries ou distilleries de pétrole, si toutefois l'on peut donner ce nom aux quelques constructions japonaises où l'on s'occupe de l'épuration de ce produit par les procédés les plus primitifs.

Aussi, la consommation de l'huile indigène est-elle limitée aux campagnes environnantes; les habitants des villes donnent la préférence à l'huile d'origine américaine, qui, mieux épurée, dégage beaucoup moins de fumée tout en fournissant une plus grande clarté, et surtout en exhalant moins d'odeur.

Nous reprenons le chemin à près d'un demi-kilomètre en avant de l'endroit où, à notre arrivée, nous l'avions quitté pour suivre le sentier des collines; nos djinriki sont donc obligés de revenir sur leurs pas; nous les attendons sur les bords d'un canal d'irrigation des rizières, à l'abri de quelques arbres qui entourent une petite chapelle.

Nous sommes de retour à Niitseu vers 4 heures.

Pour les voyageurs qui, descendant le fleuve, venant de Nagaoba, auraient l'intention de visiter ces sources, il serait préférable de débarquer à Kosseudo, cette

escale des steamers n'étant distante de Niitseu que
d'environ un ri et demi.

J'ai oublié de mentionner un petit incident; quand,
après notre déjeuner, nous avons voulu reprendre nos
djinriki, pour aller aux puits à pétrole, nos hommes
refusaient de nous conduire; leurs voitures étaient,
disaient-ils, trop larges pour les chemins; nous avons
remarqué, en effet, dans les rues, des djinrikishia
tellement étroites, qu'à peine une personne trouve place
pour s'asseoir entre les roues; ces véhicules, construits
spécialement pour les chemins étroits de l'intérieur
du pays, doivent verser avec la plus grande facilité.

Nos traîneurs se sont vite laissé persuader, tranquil-
lisés par notre promesse, de parcourir à pied tous les
passages difficiles ou dangereux tant pour leurs voitures
que pour nos personnes. Ainsi que je l'ai déjà fait
observer, je n'ai rencontré de ce côté des montagnes
que des gens raisonnables et honnêtes dans leurs
transactions.

Nous traversons de nouveau le bourg de Sakaya
(Sakaya-matchi), au moment même où le vapeur, descendant de Nagaska, se dispose à accoster; parti à midi de
cette ville, il arrivera à Niigata, ce soir vers 7 heures.

On nous invite à embarquer, mais, en somme,
comme rien ne nous presse, nous préférons continuer
notre route par terre.

Les nuages qui s'étaient dissipés dans le milieu du
jour pour nous laisser rôtir par le soleil, ont de nouveau
obscurci le ciel; la nuit est des plus noires et une petite
pluie fine tombe depuis quelques instants quand nous
arrivons enfin à l'hôtel.

Je m'informe du service des bateaux de Naotseu;
en résumé, il n'y a eu aucun départ pour cette destina-

tion depuis le 22 courant, mais le *Miyoshi-marou* ne revenant pas, on compte expédier le *Watatseu-no-marou* demain matin à 6 heures; espérons que ce ne sera pas une nouvelle déception.

CHAPITRE IV

**Le marché du matin. — Un bazar à prix fixes. — La plage. —
Magasins et chantiers. — Le choléra et les pommes.**

Jeudi, 26 août. — A 5 heures je suis debout, mes
préparatifs de départ sont faits depuis la veille; mais au
moment où je me dispose à me rendre au bord du
fleuve, on vient me prévenir que l'observatoire annonce un coup de vent et que, en conséquence, aucun
bateau ne prendra la mer aujourd'hui.

Le mauvais temps a dû passer déjà, sans aucun
doute, dans le nord ou dans l'est du Japon, car le
paquebot *Hiogo-marou* de la Nippon Voussen Kaïshia
ou Compagnie postale japonaise, parti de Yokohama le
19 au soir et attendu ici le 23, n'est pas encore arrivé.

Que faire à cette heure matinale? Mon hôte me propose d'aller visiter le marché : il n'y va presque jamais
lui-même et n'y envoie que très rarement son employé,
car on ne saurait y trouver aucune provision à l'usage

dés Européens; j'accepte sa proposition : nous sortons ensemble pour cette promenade.

Dans l'une des principales rues de la ville, laissant à peine un passage au milieu, s'étendent, de chaque côté, sur une longueur d'environ 200 mètres, les étalages des marchands et revendeurs, dont quelques-uns, les plus modestes, occupent aussi les abords des ruelles transversales; mais cette réunion mérite bien plutôt le nom de foire que celui de marché, on n'y rencontre point, comme aux halles de Yokohama, exclusivement des provisions de bouche de toutes sortes.

Mêlés aux marins de la côte, qui offrent le produit de leur pêche, et aux paysans des environs, qui apportent leurs légumes indigènes sans saveur, j'aperçois des marchands de vêtements confectionnés, d'étoffes, de chaussures; d'autres étalent des outils; les taillandiers me paraissent les plus nombreux; ici ce sont des meubles, shibatchi et tabako-boni (grands et petits brasiers) armoires, etc.; plus loin, des jouets d'enfants, puis des ftons ou matelas, jusqu'à des tatamis, ainsi que des panneaux servant de portes, de fenêtres ou de cloisons, tous les ustensiles de ménage ou d'intérieur, depuis le plus petit jusqu'au plus grand; des objets en laque, en papier, en bois, en fer, en cuivre; des instruments dits de musique, en un mot, tous les articles plus ou moins indispensables à la vie japonaise.

Nous traversons, au retour, un grand bazar couvert, qui occupe l'intervalle des deux rues; c'est un immense bâtiment, à peu près carré, contenant quantité de petites boutiques réparties en plusieurs galeries; tous ces compartiments se louent à de petits industriels, mais je remarque que près d'un tiers des places se trouvent inoccupées en ce moment.

Marchands de Niigata. (D'après une photographie.)

Il y avait autrefois à Niigata, me dit-on, cinq ou six établissements de ce genre; celui-ci est le dernier existant. Ces bazars ne sont, en somme, qu'une imitation de ceux de nos grandes villes de France; ils ont été introduits d'abord à Yokohama, mais le Japonais, abandonnant difficilement ses vieilles habitudes, la clientèle de ces caravansérails ne me paraît pas avoir répondu à l'attente de leurs introducteurs dans ce pays; en effet, les premiers créés, et sur des proportions assez vastes, ont aujourd'hui, en majeure partie, disparu, il n'en reste plus qu'un petit nombre, sans prétentions monumentales, et d'importance tout à fait secondaire; cette innovation commerciale me semble avoir eu à Niigata le même sort qu'à Yokohama.

Notre sortie s'effectue sur le Nishi-Bori, il est trop tôt pour rentrer à l'hôtel et nous nous dirigeons vers le bord de la mer.

La plage est à peine à 1 kilomètre des dernières maisons de la ville, un phare s'élève sur les dunes de sable; à quelques pas plus loin, nous contournons un mât de signaux qui paraît abandonné, car on n'aperçoit aucun guetteur aux alentours.

Un ancien marin hollandais, décédé depuis quatre ou cinq ans, a été, me dit-on, pendant très longtemps au service du gouvernement local, en qualité de capitaine de port, chargé du sémaphore; il n'a pas eu de successeur. Ce poste ne pouvait être qu'une véritable sinécure, le port, à proprement parler, n'existant pas, ainsi que je l'ai fait remarquer précédemment.

Il y a d'ailleurs à Niigata, outre ce mât de signaux, un véritable observatoire à l'européenne, constamment en communication avec les principales stations des côtes du Japon, et même, par Nagazaki, avec celles de Corée;

le service météorologique fonctionne aujourd'hui dans tout l'empire japonais, aussi régulièrement qu'en France ou en Angleterre.

La brise est assez fraîche, mais on n'aperçoit aucune voile à l'horizon, quelques bateaux pêcheurs, jugeant sans doute qu'il y avait danger pour eux de passer la barre, sont venus s'échouer intentionnellement sur la plage.

A notre gauche, sur le sommet de la dune la plus élevée, se trouvent deux maisons de thé; de ce site la vue domine la ville et la rade; mais le panorama, quoique fort étendu, n'offre rien de bien intéressant.

Du côté de la ville, des toitures de toutes dimensions et de toutes formes, puis le fleuve et l'immense plaine de rizières; au delà, les montagnes cachées par la brume; dans la direction opposée, la pleine mer, sans la moindre trace d'être animé à sa surface; dans le lointain, on devine Sado tout enveloppée de nuages qui laissent à peine percer deux sommets, probablement les plus élevés de l'île.

La mer houleuse gronde à nos pieds avec fracas, le ciel a pris cette teinte grise qui fait confondre le brouillard avec le nuage, signe de mauvais temps; nous ne distinguons pas à plus de 2 lieues la continuation de la côte sur laquelle nous nous trouvons; les vagues roulent impétueuses, avec une cadence monotone, sur ce sable dont on s'explique sans peine les fréquents déplacements, car l'onde paraît trouble et jaunâtre à une assez grande distance du rivage.

Nous revenons en ville par le bord du fleuve dont l'embouchure n'a guère plus d'un kilomètre de large; le paysage est assez triste, car rien ne rompt, en ce

moment, la monotonie des eaux pas plus que celle du
sable nu sur les deux rives.

En remontant la rive gauche, je remarque des chantiers de construction fort importants; mais ici, l'architecture navale est encore rebelle aux progrès de la
civilisation occidentale, ce ne sont que de grandes
jonques aux formes plutôt chinoises que japonaises;
cependant, en approchant du centre de la ville, j'ai
aperçu, sur cales sèches, les uns à peine commencés,
les autres en cours de réparation, quelques petits
vapeurs construits d'après des modèles européens, et
pareils à ceux amarrés près du grand pont; tout à côté,
un atelier de machines et de chaudronnerie couvre un
espace assez considérable.

Les bureaux de la douane sont entourés d'une haute
palissade, la toiture du bâtiment principal, qui est
cependant bien loin d'atteindre des dimensions impo-
santes, présente un aspect bizarre, on dirait une pa-
gode chinoise.

A quelques pas de la douane est l'agence de la grande
Compagnie postale de navigation, subventionnée par
l'État; nous passons ensuite devant plusieurs bureaux
de nombreuses compagnies de transports par terre.
Tout ce quartier est couvert de grands magasins; les
marchands de riz occupent une large étendue de terrain;
les entrepôts de bois de construction sont vastes et abon-
damment approvisionnés, ces deux articles représentent
d'ailleurs la plus grande part du commerce de cette
région.

Dans ce même faubourg, nombre d'hôtels et de restaurants japonais exhibent leurs enseignes, on m'en
fait remarquer deux à l'aspect riche et confortable;
le plus renommé des restaurants, établi sur le même

pied que celui de F'kiro (1) à Yokohama, n'est accessible qu'aux bourses les mieux garnies.

Depuis mon arrivée à Niigata, je demande à cor et à cri les belles et délicieuses pommes dont j'ai pu obtenir des échantillons à mon passage à Mayebashi, je n'en ai aperçu aucune au marché; les paysans des environs qui apportent journellement à l'hôtel des volailles, des œufs et quelques autres provisions, ont été invités à me procurer ce fruit à n'importe quel prix, mais toutes leurs recherches sont demeurées infructueuses, ils semblent avoir peur d'en parler; leur réponse se traduit invariablement par : « Il n'y en a plus et c'est cependant la saison. » Comment pénétrer ce mystère? Je suis forcé de m'en rapporter à leurs explications, je ne doute d'ailleurs pas un instant de leur véracité. « C'est le choléra qui a tout mangé! »

On ne saurait se faire une idée des précautions sans nombre prises par le gouvernement japonais chaque année, depuis 1879, à la moindre apparition du choléra; les sommes qu'il dépense dans le but d'en circonscrire ou d'en prévenir les ravages sont énormes; elles se chiffrent par plusieurs centaines de mille yen (plusieurs millions de francs).

Des lazarets, avec tous les perfectionnements les plus modernes des procédés de désinfection, sont installés dans les principaux ports de mer; la police parcourt l'intérieur du pays, aidée par les administrations locales, elle l'inonde d'acide phénique et de chlorure de chaux.

Toutes ces mesures préventives, quelque louable

____

(1) Restaurant tout à fait à la japonaise, fréquenté par les riches marchands et par les fonctionnaires de Yokohama et de Tokio; en un mot, le Véfour de la contrée.

que soit leur but, ne suffisent point pour relever le
moral des populations; leur exécution a rencontré parfois de vives résistances, car ici, comme dans plusieurs
contrées de l'Europe, les superstitions les plus absurdes
pèsent encore sur l'imagination des habitants des campagnes; et puis, l'excès du zèle de quelques agents fait
tourner souvent au comique sinon au ridicule les meilleures intentions du gouvernement, quand il ne les
pousse pas à commettre des vexations inutiles.

Dans l'esprit de la plupart des indigènes, le choléra
est un article d'importation étrangère; je ne chercherai
pas à approfondir l'origine de cette maladie au Japon,
mais les annales du pays mentionnant des épidémies
de peste ou d'autres fléaux analogues qui ont causé une
mortalité considérable dans tout l'empire, et les fièvres
de plusieurs genres ayant de tout temps été assez communes dans les parties basses de la contrée, j'ai tout
lieu de croire qu'il s'agit, dans les discussions sur ce
sujet, d'une question de mot plutôt que de fait.

Ces belles pommes récoltées dans le ken de Niigata,
introuvables en ce moment, qui font l'objet de ma con-
voitise, ont, sans aucun doute, une origine européenne,
bien plus incontestable que celle du choléra; les indigènes les appellent *mapoli*, — du mot anglais *Apple*, —
et ne les confondent nullement avec les fruits de même
espèce, originaires du Japon, auxquels ils conservent
le nom de *ringo*, usité à Yokohama tout autant pour
les pommes japonaises que pour celles venant d'Europe
ou d'Amérique.

Dès l'apparition du choléra, l'ordre a été donné de
détruire les *mapoli*, mais on a respecté les *ringo*, des
avortons cueillis encore verts, à peine bons à faire du
verjus et que l'on m'offre de tous côtés. Donc, les

pommes ont été abattues, écrasées et enterrées dans des fosses remplies d'acide phénique, et les paysans ne pouvaient guère mieux s'exprimer quand ils me disaient : « Le choléra les a mangées. »

Dans certaines localités, les fonctionnaires chargés de cette sauvage opération ont poussé le zèle au-delà de toutes limites; selon eux, ce choléra que nous appelons asiatique, étant d'introduction européenne, et faisant son apparition au Japon depuis plusieurs années, à chaque saison d'été, il serait beaucoup plus naturel de détruire, d'un seul coup, et les fruits soupçonnés d'en propager le germe, et les arbres qui les produisent; le moyen leur paraissait à la fois plus expéditif et plus économique, car il n'y aurait plus à y revenir l'année suivante.

Mais ils ont trouvé à qui parler; le paysan japonais, en général d'un naturel doux et paisible, se soumet sans murmures aux impôts assez lourds qui le frappent, il supporte même au besoin la perte d'une récolte quand il ne peut faire autrement, mais il perd patience quand on touche à sa propriété ou que l'on dévaste ses champs; des commencements d'émeutes ne tardèrent pas à se manifester, et l'autorité supérieure, qui n'avait point prescrit des mesures aussi radicales, s'empressa de désapprouver ses agents et de les rappeler à l'ordre.

On est en droit de se demander si cet excès de zèle n'était pas une manifestation de la haine invétérée de certaines gens ayant appartenu à l'ancien régime contre tout ce qui est d'origine étrangère, haine que l'on rencontre encore dans quelques parties du Japon.

Je ne puis d'ailleurs comprendre la partialité de ces mesures; un beau fruit, mûr et délicieux, est proscrit

de la consommation, tandis que l'ostracisme se garde
bien d'atteindre ces pommes vertes, de forme irrégulière et si petites qu'il en faudrait au moins cinq
ou six pour faire le volume d'une seule *mapoli*.

Enfin, je suis forcé de me résigner à attendre la
récolte prochaine pour satisfaire ma fantaisie.

CHAPITRE V

**Le ken de Niigata. — Population, navigation et commerce;
agriculture, industrie, travaux publics. — Richesses minérales.**

La ville ne renfermant plus rien qui vaille la peine
d'être noté, il me reste à donner quelques informations
sur le département en général.

Le ken de Niigata est formé de la province d'Etchigo,
l'une des plus riches du Japon, la seule qui, selon les
traditions du pays, n'ait jamais eu à souffrir de la
famine, et de l'île de Sado.

Lors de l'abolition des anciennes divisions adminis-
tratives, cette province fut d'abord partagée en deux
départements qui ont été ensuite réunis en un seul;
les chefs-lieux étaient Niigata et Nagaoka; cette dernière

ville, quoique plus industrielle et d'un aspect beaucoup plus animé, s'est vue reléguée au rang de sous-préfecture.

La population totale du ken est d'environ 1 650 000 habitants; ce qu'il y a de remarquable, c'est que ce chiffre se partage également entre les deux sexes.

Les villes les plus importantes après celles que je viens de citer sont : dans le sud-ouest, Takata, qui ne compte pas moins de 30 000 habitants; puis Kashiwazaki, qui en a 15 000; et dans l'est, Shibata renfermant 20 000 âmes, non compris sa garnison.

Les relevés du mouvement de la navigation, pour les divers ports, non compris celui de Niigata que j'ai classé à part dans cette courte revue statistique, donnent dans l'année entière, à l'entrée, quatre-vingt-onze navires à voiles ou à vapeur, de forme européenne, et deux mille six cent cinq jonques; à la sortie, le nombre des navires atteint quatre-vingt-seize et celui des jonques, deux mille six cent neuf.

Ce département est essentiellement agricole; les principales récoltes sont, en première ligne, celle du riz, puis celles du thé, du coton, du chanvre, de l'indigo japonais (*polygonum tinctorium*), des poires, des légumes et de diverses céréales.

La soie est cultivée dans le district de Nagaoka, mais sa production très variable dépasse rarement la valeur d'un million de yen; elle reste souvent bien au-dessous de ce chiffre.

Les rizières occupent une superficie de 155 500 tchios produisant, année moyenne, 2 040 000 kokous de riz (soit environ 306 000 tonnes); les champs de blé couvrent 16 550 tchios, et la récolte s'élève à 75 000 kokous (11 250 tonnes).

On compte sur la côte vingt-huit mille pêcheurs possédant deux mille sept cents bateaux de toutes dimensions et six mille filets. Au produit de la pêche, il faut ajouter, comme article de commerce de la même zone, le sel dont il s'expédie annuellement plus de 2 000 kokous, les salines s'étendant sur 150 tchios de terrains.

L'importance de la récolte de riz entraîne nécessairement l'industrie des liqueurs fermentées, auxquelles cette denrée sert de base; aussi, le nombre des fabriques de saké dépasse-t-il un millier, la production totale atteignant 150 000 kokous.

De même qu'en France, les alcools ont à supporter, au Japon, des impôts fort élevés; les étrangers, qui habitent les ports ouverts, ne sont point soumis à la loi japonaise, quelques marchands chinois, profitant de cette immunité, avaient installé à Niigata une distillerie de riz; cette entreprise ne pouvait donner que de beaux bénéfices; elle menaçait de ruiner totalement les concurrents indigènes et portait au fisc un préjudice considérable; d'autres établissements du même genre étaient sur le point de se fonder à Tokio, lorsque des négociations diplomatiques ont mis un terme à cette exploitation peu loyale, quoique par le fait elle ne constituât pas une violation des traités de commerce.

Voici le nombre des commerçants pour les principaux articles :

Tissus.	2 470
Céréales.	3 511
Boissons.	2 388
Bois de charpente.	2 325

Les grands centres du département possèdent plusieurs établissements financiers privés, en dehors des banques nationales énumérées ci-après :

La quatrième banque, ayant son siège à Niigata, et dont le capital est de 350 000 yen avec une émission de 240 000 yen en billets;

La soixante-neuvième, établie à Nagaoka, capital 150 000, émission 80 000;

La cent trente-neuvième, à Takata, capital 200 000, émission 80 000;

La soixante et onzième, dans l'ancienne ville féodale de Mourakami, capital 70 000, émission 40 000;

Et enfin la cent seizième banque nationale, à Shin-Hatsenda, au capital de 50 000 avec une émission de 40 000 yen.

Il existe à Niigata une succursale de la Compagnie japonaise d'assurances maritimes, organisée à Tokio durant ces dernières années.

L'île de Sado, située en face de Niigata, environ à 40 milles dans l'Ouest, contient une population de 106 000 habitants répartis en soixante-dix-huit villes ou villages et deux cent vingt hameaux.

La localité la plus importante est Aïkawa, siège de l'administration locale; située à l'extrémité sud-ouest de l'île et à proximité des mines d'or et d'argent, elle comprend environ 13 000 âmes.

Sur le côté Est, le port d'Ebissou sert de refuge aux navires que le mauvais temps chasse de la rade de Niigata; mais, s'il est permis aux Européens d'y séjourner, il leur est par contre interdit de s'y livrer au commerce.

Le climat de Sado est, paraît-il, plus doux que celui de la grande terre, mais les productions en sont les mêmes; la récolte de riz y atteint 115 000 kokous; les foréts couvrent encore plus de la moitié de l'île.

Il a été de tout temps impossible d'obtenir des données exactes sur le rendement des mines d'or et d'argent exploitées par le gouvernement japonais aux environs d'Aïkawa; les travaux ont été souvent interrompus par les eaux, et, à diverses époques, le bruit a couru que cette exploitation ne se continuait qu'avec de grandes pertes; on me dit que depuis quelque temps tout marche à souhait.

Les mines de Sado sont classées parmi les plus riches du Japon, mais ce n'est point seulement dans cette île que l'on rencontre des gisements précieux; tout le ken de Niigata possède des richesses minières de diverses sortes plus ou moins exploitées; je passerai une courte revue des principales d'entre elles :

Le *fer* se rencontre à l'état de *pyrites magnétiques;* c'est le genre de minerai le plus employé dans l'industrie japonaise, et le plus estimé pour la production de l'acier; il entre dans la composition des lames de sabres justement renommées; outre ces sulfures, on trouve aussi des sesquioxydes de fer ou hématites. Mais en raison des procédés trop primitifs d'exploitation et du manque de moyens de transport, cette branche de l'industrie indigène ne saurait lutter sur les marchés mêmes du pays, avec les produits similaires d'importation étrangère; cette remarque peut d'ailleurs être considérée comme à peu près générale.

Le *cuivre* se présente sous la forme de pyrites et de chalcopyrites; c'est le métal le plus répandu au Japon et, de tout temps, il s'en est fait une exportation considérable. On en trouve dans un grand nombre de localités du ken de Niigata; les principales de ces localités où l'exploitation des mines continue sont, dans le canton

de Kambara, Koussakoura, qui produit environ 12 000 piculs par an; puis Founa-outchi-sawa et trois ou quatre
autres villages avoisinants; Imokawa, dans le canton
de Ouwonouma; Massemoura et Nodzeumi-moura, dans
celui de Mishima.

Le *plomb* se rencontre à l'état de sulfure mélangé
d'argent dans le canton de Ouwonouma, déjà cité, aux
villages de Shimo-oushi-tatchi, de Ouyeda-no-ghinzau
et d'Arayama; dans celui de Kambara, à Otani et Miya-
saki. Toutefois, la production est peu abondante, on
peut dire même insignifiante par rapport à celles du
cuivre et de l'argent.

Dans l'île de Sado, outre les quartz aurifères des
environs d'Aïkawa, on trouve des sulfures d'argent
dans plusieurs endroits, et l'exploitation donne des
résultats satisfaisants; il en est de même des sulfures
de plomb argentifères; le cuivre se rencontre à Toyo-
damoura sous forme de pyrites contenant aussi de l'or
et de l'argent.

On ne cite actuellement qu'une seule mine de
charbon ayant quelque importance, celle d'Akatani;
mais tout porte à croire que le département possède
des gisements houillers considérables; on m'a dit
qu'en certains endroits, les paysans recueillent à fleur
de terre le combustible nécessaire à leur consommation
sans se soucier d'en faire le commerce, les moyens de
transport à bon marché manquant encore complètement.
D'un autre côté, ces charbons sont souvent de mauvaise
qualité, on leur reproche d'être trop sulfureux, ce qui
n'a rien de surprenant dans un pays volcanique comme
le Japon, et où, ainsi qu'on l'a pu remarquer d'ailleurs,
tous les métaux, à peu d'exceptions près, se rencontrent
alliés au soufre. Il reste à savoir si des ingénieurs expé-

rimentés ne réussiraient point, par une direction intelligente donnée aux exploitations, à rencontrer des couches de formation plus ancienne et de meilleure qualité; c'est ce que nous apprendra un jour l'ouverture du pays à l'industrie et aux capitaux étrangers.

Les sources de pétrole sont nombreuses; on ne cite pas moins de trente-huit localités où l'extraction de ce liquide s'opère par les procédés les plus primitifs; les principales sont Niitseu que nous avons déjà visitée; puis Sotchi et Takata, que nous traverserons au retour; Kanaya, Kogoutchi, Tatémoura, etc.

Un voyageur européen, qui est venu de Sendaï à Niigata en traversant les provinces du Nord, m'assurait que, dans certains endroits, il avait marché dans le pétrole jusqu'à la cheville, et que les habitants de ces régions ne s'inquiétaient nullement de ce liquide huileux qui inondait leurs sentiers, et ne songeaient par conséquent en aucune manière à en tirer parti.

D'ailleurs, en raison des difficultés déjà mentionnées, l'industrie indigène ne peut essayer de lutter en ce moment, pour ce produit, contre la concurrence américaine; les pétroles importés des États-Unis sont livrés ici à des prix tellement bas, qu'ils paraîtraient incroyables en Europe : de 5 à 8 francs la caisse de 10 gallons (45 litres), suivant qualité; aussi les exploitations des sources japonaises sont-elles abandonnées de plus en plus, et si la revision des tarifs n'amène pas bientôt une forte augmentation des droits d'entrée, elles ne tarderont pas à l'être complètement.

J'ai eu l'honneur d'être présenté au préfet de Niigata, M. S. G.; au Japon, ces fonctionnaires sont appelés gouverneurs, et si l'on considère l'étendue de pays confiée à leur administration, ils méritent en quelque sorte ce dernier titre; en effet, la plupart des départements du Japon ont chacun une superficie égale à celle de cinq ou six départements français, et plusieurs d'entre eux possèdent une population de plus d'un million d'habitants.

Je n'ai pu m'empêcher de témoigner à M. S. G. ma satisfaction du bon accueil que j'avais reçu partout de ses administrés; je l'ai complimenté sur les beaux et importants réseaux de nouvelles routes déjà terminés ou en cours d'exécution; le gouverneur m'a répondu qu'il n'était dans le pays que depuis un an, qu'il avait encore quatre ans à rester à ce même poste, et qu'à l'expiration de ce terme, le ken de Niigata posséderait les plus belles routes de tout le Japon.

Le peu que j'ai pu voir pendant mon voyage ne me permet pas de douter de cette assurance.

C'est au choix de fonctionnaires intelligents et énergiques, à la centralisation des pouvoirs, et surtout à la stabilité des administrateurs placés à la tête des services publics que le gouvernement japonais doit la tranquillité intérieure dont il jouit et les progrès rapides accomplis durant ces dernières années.

D'immenses travaux sont entrepris de tous côtés avec empressement et économie; la construction des routes, celle des chemins de fer, emploient des milliers de bras qui, en cette saison, restaient autrefois inoccupés.

En effet, le paysan, une fois sa récolte de riz rentrée et vendue, demeurait tranquillement chez lui dans le plus complet farniente pendant tout l'hiver. Mais voilà tout à coup une route nouvelle, une ligne de chemin de fer tracée près de sa demeure. Les plus misérables s'engagent d'abord comme terrassiers, puis, peu à peu,

le moment de curiosité passé, tout le village vient
s'offrir pour le travail; c'est une véritable révolution
sociale qui s'accomplit.

Le Japonais, si indolent qu'il soit, finit par se dire
qu'en somme, s'il travaille un peu pour les autres, il
augmente son avoir, sans se déranger pour ainsi dire;
l'intérêt particulier agit bien plus vite que l'idée du
progrès général sur l'esprit de ces masses auxquelles
toutes les notions de l'économie politique sont encore
inconnues; hommes, femmes, enfants, finissent tous
par s'en mêler.

Le prix de la main-d'œuvre est excessivement réduit,
la journée ne se paie plus que de 30 à 50 centimes de
notre monnaie, mais qu'importe? la récolte de riz a
été bonne; et puis, la maison n'est pas loin; et c'est
ainsi que l'on voit le Japon se couvrir de lignes ferrées
dont le prix de revient étonnera nos plus savants
économistes.

Un autre côté de la question qui n'est pas le moins
important, c'est que le peuple, tout en augmentant
son bien-être, cesse de murmurer contre les administrateurs qui utilisent ainsi ses loisirs; chacun y trouve
son compte.

Le préfet de Niigata est très aimé de ses administrés,
et je ne doute pas que plusieurs de ses collègues ne le
soient autant que lui dans leurs départements; toutefois, ce n'est point toujours le cas dans les ports
ouverts.

J'appris qu'il y avait à Niigata, le soir de mon
arrivée, un jeune ingénieur japonais ayant fait ses
études en France, venu très probablement pour les
études du port depuis si longtemps projeté; je de-
mandai à lui être présenté dès le lendemain; mais,

rappelé par dépêche à Tokio, il repartit dans la matinée; et j'eus ainsi le regret de ne pas faire sa connaissance et de perdre sans aucun doute de précieux renseignements sur cette partie du Japon.

CHAPITRE VI

Mauvais temps. — **Départ pour Naoetseu**. — **Sortie du fleuve**.
— **La rade**. — **Le** *Hiogo-marou*. — **Relâche forcée**. — **Le**
Shinano-gawa.

Le mauvais temps annoncé commence ; le vent du
sud-ouest souffle par rafales, chassant de gros nuages
noirs ; bientôt un orage épouvantable éclate ; les coups
de tonnerre et les éclairs se succèdent sans interruption, circonstance qui me fait supposer que nous ne
sommes pas sur le parcours d'un typhon, quoique la
violence du vent soit aussi forte que pendant une de
ces tempêtes tournantes.

Dans la vaste salle à manger, il nous est impossible
d'ouvrir la moindre fenêtre, même du côté opposé à
celui d'où souffle la bourrasque ; la température est
étouffante ; les portes et croisées font entendre des
craquements de tous côtés ; çà et là les toitures sont
endommagées.

Nous passons la soirée dans le salon du devant, et jusqu'à minuit nous observons le baromètre dont la baisse progressive, puis les oscillations ne laissent pas que de nous causer quelques inquiétudes; nous gagnons nos chambres au moment où il paraît remonter; les rafales deviennent moins fortes, mais la pluie continue.

Un typhon a traversé la mer du Japon, à la hauteur du port de Nagazaki, à 200 lieues de Niigata.

Vers 5 heures du matin le vent est presque complètement tombé, je me dispose à prendre le bateau de Naoetseu.

Vendredi, 27 *août.* — Il était bien inutile de me lever de si grand matin, si le vent est tombé, la pluie dure encore et le départ, fixé à 6 heures, est renvoyé jusqu'au beau temps; on viendra me prévenir au moment d'embarquer.

Je commence à perdre patience, et je suis tout décidé à reprendre la route de Nagaoka; mais le service de la rivière étant moins irrégulier que celui de la côte, le bateau est déjà parti.

Ma situation est d'autant plus désagréable que j'ai endossé ma tenue de voyage depuis avant-hier; ayant reconnu que le transport d'une malle est tout aussi coûteux, sinon plus, que celui d'un voyageur dans les trajets par terre, j'ai pris le parti d'expédier la mienne par le *Hiogo-marou*, encore attendu, mais qui repartira deux jours après son arrivée ici. Me voilà donc réduit à deux rechanges du costume de route que j'ai adopté depuis nombre d'années : chemise de flanelle avec poches se boutonnant et pantalon de même étoffe, s'attachant dans le bas; j'ai ajouté une couverture de voyage et un paletot, en prévision de la fraîcheur du

soir et du matin. N'ayant d'ailleurs aucune visite à
faire en chemin et ne devant pas arriver de jour à
Yokohama, peu m'importe le qu'en-dira-t-on; je suis
ainsi à mon aise, et avec un bagage des plus légers,
ma marche par terre ne peut plus être retardée, quelque
temps qu'il fasse; cependant, comme il ne faut pas
compter sur un blanchissage en route, quatre journées dans cet équipement me paraissent un terme raisonnable et il serait temps de partir.

Enfin, à 9 heures, un exprès vient me tirer d'embarras, en m'annonçant que le *Watatseu-marou* se
dispose à appareiller; nous nous rendons en toute hâte
à l'embarcadère, mais ce n'est qu'au bout de trois-
quarts d'heure qu'on largue les amarres; avec mer
calme, nous pourrions arriver à Naoetseu vers 5 heures
du soir.

Notre bateau n'est, en somme, qu'une chaloupe à
vapeur pontée et jaugeant environ 60 tonnes; il est mâté
en goëlette, et sa machine est à hélice; son tirant d'eau
ne doit pas dépasser 1ᵐ,50; bien plus étroit que les
vapeurs de la rivière, il me paraît promettre des coups
de roulis peu agréables.

Une demi-douzaine de marchands japonais prennent
place dans la cabine où se trouvent aussi des marchandises; je préfère rester sur le pont en compagnie
de trois lieutenants de vaisseau et d'un médecin
principal de la marine japonaise.

Nous descendons rapidement le cours du fleuve,
et, sitôt après avoir dépassé les dernières maisons des
faubourgs, nous stoppons au milieu du courant, une
embarcation se détache de la rive; elle amène un agent
de police.

Les agents de police remplissent au Japon des fonctions si multiples, qu'il m'est impossible de savoir si nous avons affaire à l'administration du port ou à celle de la santé. Le policemen adresse plusieurs questions au capitaine : « Quelle est votre destination? Votre chargement? Combien d'hommes d'équipage? Combien de passagers? Pas de malades? » Puis il semble hésiter un moment, s'apprête à monter à bord, réfléchit encore, et finalement s'en retourne à terre.

Nous nous remettons en route; nous voici à la barre de sable. Sur la gauche, une goëlette à voiles dont la mâture seule paraît au dessus de l'eau, sert en quelque sorte de point de repaire. Ce petit navire s'est ensablé là depuis plus de huit ans.

Nous serrons un peu plus la rive opposée; le moment critique dure à peine quelques minutes; nous franchissons les trois grosses lames successives, pour ainsi dire réglementaires, quand on passe des obstacles de la nature de celui-ci; nous en sommes quittes pour quelques forts coups de roulis et un peu de tangage; à marée basse, il n'y a pas plus de 5 pieds d'eau (1ᵐ,50) sur la barre.

Le *Hiogo-marou* est le seul navire en rade; mouillé à 2 milles de la côte environ, il procède au débarquement et à l'embarquement des marchandises; huit ou dix bateaux du pays sont accostés le long du bord; nous en avons rencontré deux déjà chargés.

Ce paquebot repartira probablement demain dans la soirée, emportant ma valise, qui arrivera ainsi à Yokohama à peu près en même temps que nous.

Mais le capitaine du *Watatseu-marou* me semble inquiet; le temps est couvert, la pluie a cessé; ce qui l'inquiète, c'est le vent debout. Je lui fais remarquer que la brise n'est pas encore fraîche, que le grand steamer près duquel nous venons de passer ne tangue même pas sur sa chaîne; j'ajoute que j'ai quelque expérience de la mer, et que tout me porte à croire que le retour du mauvais temps n'est pas à craindre pour aujourd'hui.

Notre homme ne se laisse pas convaincre et procède immédiatement à une consultation générale.

Les Japonais descendus dans la cabine, qui commencent à ressentir les premières atteintes du mal de mer, sont tout disposés à lui donner raison. Les officiers de marine insistent, comme moi, pour continuer la route; notre bateau est petit, il est vrai, mais on ne saurait qualifier de mauvais temps les conditions actuelles de la mer qui lui permettent de filer encore 6 ou 7 nœuds à l'heure.

Sans faire de l'autorité, le capitaine a cependant le dernier mot :

— Messieurs, nous dit-il, le bateau est bon, mais je ne réponds pas de la machine.

Il n'y a rien à répliquer, d'autant moins que ce n'est pas une raison donnée à plaisir; renseignements pris, la machine n'était pas en état de fatiguer pendant quelques heures.

Il est un moment question de prendre le vent du travers et d'aller en relâche à l'île Sado; je ne formule aucune opinion à ce sujet, mais bientôt des protestations s'élèvent de toutes parts :

— Combien resterons-nous de temps à l'abri de l'île?

Le capitaine croit qu'au bout de douze heures passées au mouillage, nous pourrons nous remettre en route pour Naoetseu; mais il ne peut répondre de rien.

Le médecin principal s'écrie alors :

— Je connais un cas où la relâche a duré douze jours au lieu de douze heures; il faut que je sois demain au soir à Takata, et ces officiers à Kanozawa. (Ken de Kaga, à 300 kilomètres d'ici.)

Mais il n'y a pas d'autre alternative que d'aller à Sado, ou de retourner à Niigata, et la mer baisse, nous aurons à peine le temps de passer la barre.

A l'unanimité, il est décidé que, ne pouvant compter sur la machine pour continuer notre route, nous reviendrons à notre point de départ. En conséquence, ayant viré de bord, nous marchons à toute vitesse, et la barre repassée sans accident, nous arrivons au débarcadère à 11 heures.

L'administration nous fait prévenir que nos billets seront valables pour le prochain départ, mais que, si nous préférons les rendre, on nous remboursera le prix du passage sous déduction de 10 pour 100 comme compensation du coût du charbon inutilement consommé.

Le prix de la place de première de Niigata à Naoetseu est de 1 yen et demi (environ 6 fr. 30); ma promenade me revient donc à 15 cents (0 fr. 63).

Je me dirige avec plusieurs de mes compagnons de route vers le bureau des steamers, pour Nagaoka; mais une dernière déception nous y attendait; par suite du mauvais temps d'hier, les bateaux n'étant pas redescendus, il n'y a eu qu'un départ ce matin à 6 heures, et il ne peut y en avoir d'autre avant demain. On est tout étonné de nous voir rentrer à l'hôtel où nous avions fait nos adieux à peine deux heures auparavant.

Je ne crois pouvoir mieux utiliser ces derniers instants d'un séjour malgré moi prolongé, qu'en donnant une description sommaire de cc fleuve que j'ai descendu jusqu'à la mer et que je me vois forcé de remonter demain en partie.

Le Shinano-gawa prend sa source à l'extrémité Est

ASSAMA-YAMA VU DES ENVIRONS DE KOUTSOUKAKE.
(D'après une photographie.)

de la province de Shinshiou (appelée aussi Shinano), dans l'enfoncement formé entre les hauts sommets de Kimboussan et d'Okouraï-také, par la chaîne de montagnes servant de ligne de partage des eaux aux deux grands bassins de la mer du Japon et de l'océan Pacifique, en même temps que de limite entre cette province et celle de Koshiou au sud, puis celles de Moussashi et de Kodzeuké à l'est et au nord-est; le volcan l'Assama-Yama, qui fait partie de cette même chaîne, se trouve situé à 50 kilomètres au nord de cette source.

Comme tous les cours d'eau du Japon, ce fleuve ne porte pas à sa naissance le même nom qu'à son embouchure, il s'appelle d'abord le Tchikouma-gawa. Il reçoit sur ses deux rives plusieurs tributaires de peu d'importance, puis, sur la gauche, à Tambadjima, un peu au-dessous de Zenkodji, une rivière assez considérable, le Saï-gawa; après avoir reçu encore de nombreux ruisseaux, il prend, à partir du confluent du Nakatseu-gawa, qui se déverse sur sa droite, le nom définitif de Shinano. Jusque-là, il peut être considéré comme un large torrent; son lit est rempli de gravier et de gros cailloux qui rendraient la navigation difficile, si elle n'était déjà impossible par suite du peu de profondeur de l'eau sur la plus grande longueur de ce premier parcours; mais le fleuve ne tarde pas à devenir navigable, et, à partir de ce point, tous ses principaux affluents portent bateau.

Ce sont, à droite :

1° L'Iwo-no-gawa, appelé, dans le haut de son parcours, Ouïta-gawa, qui se jette dans le Shinano, tout près de Kawagoutchi.

2° Le Maïta-gawa ou Immamatchi-kawa, qui se jette dans le fleuve, près d'Ozaki;

3° L'Igarashi-gawa, à Sandjio;

4° Le Kamo-kawa, à Kamo-Shinden;

5° Enfin, le Ko-Aganokawa, à Sakayamatchi, que

nous avons traversé sur la route de Niigata à Niitseu, et qui met en communication le Shinano avec l'Aganogawa.

A gauche, le fleuve ne compte plus aucun tributaire, mais il alimente deux cours d'eau assez importants qui viennent le rejoindre avant son embouchure et dont les lits ont été fort probablement, en majeure partie, creusés de main d'homme; le premier est le Nishi-kawa (rivière de l'ouest); il quitte le Shinano à Okodzeu, c'est-à-dire à environ 6 ris au-dessus de Nagaoka, pour le rejoindre à Heidjima, situé à 2 ris en amont de Niigata; le deuxième, beaucoup plus considérable, s'appelle Naka-no-Koutchi-kawa (rivière de l'embouchure intérieure); il se sépare à Dôkin, 2 ris au-dessous d'Okodzeu pour s'unir de nouveau au fleuve tout près d'Ono. Ces deux branches utilisées pour l'arrosage des vastes rizières de cette région, contribuent puissamment à la richesse du pays.

Ainsi que je l'ai déjà fait observer, le lit du fleuve est couvert de bancs de gravier et de cailloux jusqu'au-dessous de Yo-hita; ce n'est qu'en approchant de Sandjio que le gravier disparaît complètement pour faire place au sable fin.

Le débit du Shinano, au pont de Niigata, est évalué, pendant les eaux les plus basses, à 4 ou 500 000 mètres cubes par minute; et, lors des grandes crues, il atteint un volume dix fois plus considérable.

On estime à plus de 15 000 kilomètres carrés la superficie du bassin de ce fleuve qui est considéré à juste titre comme le plus important de tous les cours d'eau du Japon. Sa longueur atteint, en effet, près de 350 kilomètres, tandis que celle du Tonégawa, qui vient immédiatement après lui, ne mesure que 72 ris (288 kilomètres); le Ténriou, dans l'île de Nippon, et l'Ishikari, dans celle de Yesso, occupent ensemble le troisième rang, avec un parcours de 55 ris (220 kilomètres) pour chacun d'eux.

TROISIÈME PARTIE

DE NIIGATA A YOKOHAMA PAR YO-HITA, NAOETSEU, LA PROVINCE
DE SHINSHIOU ET L'OUSSEUI-TOGHÉ

CHAPITRE PREMIER

La montée du fleuve. — Mon compagnon de route. — Les stations. — Yo-hita et Waki-no-matchi : le choléra et ses gendarmes.

Samedi, 28 août. — Nous quittons l'hôtel à 6 heures du matin pour aller prendre le vapeur de Nagaoka ; le temps est indécis, des grains se forment à l'horizon, dans l'est et dans le sud-est, tout fait présager la pluie. Le bateau de Naoetseu, le même qui nous a conduits hier jusqu'en rade, est déjà sous pression, mais on ne peut dire encore s'il partira aujourd'hui.

J'ai pour compagnons de voyage la plupart des passagers de la veille, qui, comme moi, désireux d'éviter une nouvelle déception et de nouveaux retards, ont préféré prendre la voie du fleuve, moins courte, il est vrai, mais beaucoup plus sûre que la traversée par mer ; je retrouve, entre autres, au salon des premières, le médecin principal de la marine ; seuls les trois lieutenants, pressés de rejoindre leur poste, ont pris, dès hier soir, la route de terre.

Nous appareillons vers 7 heures; je remarque au poteau du débarcadère que le niveau de l'eau a monté de près d'un pied depuis le jour de notre arrivée à Niigata; toutefois, le courant n'étant pas très rapide dans le bas du fleuve, nous le remontons avec une bonne vitesse.

Passant devant Ono environ cinquante minutes après notre départ, nous stoppons à 8 heures dans le haut de Sakaya; trois quarts d'heure plus tard, nous faisons escale à Ousseuï, station de la rive gauche à laquelle nous ne nous étions pas arrêtés en descendant de Nagaoka, par suite du fâcheux accident survenu au mécanicien; nous arrivons à Kosseudo un peu après 9 heures.

Nous étant remis en route, nous apercevons, vers 10 heures, un bateau allant à Niigata, c'est le même qui nous y a amenés le 23 courant; nous échangeons des saluts avec le capitaine qui n'a pas de peine à nous reconnaître, car on ne voit que très rarement des Européens dans ces parages. Par une coïncidence toute fortuite, cette rencontre a lieu exactement au même endroit où nous avions croisé, en venant, l'ex-ambassadeur japonais et sa suite. Les deux vapeurs s'accostent au milieu du fleuve, et le bateau de descente nous transborde un passager indigène, probablement un pilote; cette manœuvre exige à peine quelques secondes.

A 10 heures 20 minutes, par une petite pluie fine qui m'a forcé à rester presque constamment dans le salon depuis Sakaya, nous stoppons à Kamo-Shinden; il est midi précis au moment où nous arrivons au débarcadère de Sandjio; au retour comme à l'aller,

notre steamer est envahi par les petits marchands de
journaux et les vendeuses de neige durcie et de friandises japonaises.

Le capitaine, qui, jusqu'ici, était complètement incer-
tain de la limite de sa traversée, m'annonce qu'il est
enfin fixé et qu'il remontera jusqu'à Nagaoka sans transbordement; il vient de communiquer par télégraphe avec
l'agent de la Compagnie dans cette ville.

En quittant Sandjio, il est temps de déjeuner; chacun
étale ses provisions, et je profite de cette circonstance
pour faire plus ample connaissance avec le seul de mes
compagnons de route qui soit vêtu à l'européenne. Ce
qui m'étonne le plus, c'est qu'il ne m'ait pas encore
adressé quelques mots d'anglais, car l'habitude générale de ses compatriotes, aussitôt qu'ils rencontrent
un Européen, est de faire montre de leur plus ou moins
de notions de cette langue. Toutefois, il convient de
dire que les écoles de médecine étant au Japon sous
la direction exclusive de professeurs allemands, je m'attends à entendre la langue de Gœthe et de Schiller;
mais, soit que notre homme ne me considère pas absolument comme un barbare (c'est-à-dire un étranger),
soit qu'il ait deviné ma nationalité, ou bien encore,
ce qui me paraît beaucoup plus probable, qu'il appar-
tienne à l'ancienne école nationale, ce n'est qu'en japonais qu'il daigne converser avec moi; je lui sais gré
de ce bon procédé ou de sa réserve. J'apprends qu'il
est délégué comme président des conseils de revision,
c'est à lui seul qu'incombe le soin d'examiner les recrues
de la marine; et, depuis plus d'un mois, il parcourt
à la hâte toutes les provinces maritimes de la grande
île de Nippon, c'est-à-dire qu'il fait le tour de la majeure
partie de l'empire japonais. Fort heureusement, me dit-

il, cette mission touche à sa fin, et il lui tarde de pouvoir prendre un repos bien gagné; eu égard aux moyens de transport multiples dont il a eu à subir les fatigues et parfois les supplices, je comprends son impatience d'arriver au terme de sa tournée.

En somme, le camarade de route que le hasard m'a donné est d'une humeur agréable; son air sévère, trop grave, paraît masquer un grand fond de bonhomie; je le trouve peu causeur mais aimable, qualité fort rare parmi les indigènes qui appartiennent aux administrations gouvernementales; j'ai eu plus tard l'occasion de remarquer dans nos diverses haltes de la route que mon compagnon était tout à la fois craint, aimé et respecté. Comme moi, il a pris son billet de passage pour la totalité du parcours par eau, mais il résulte des renseignements qui lui ont été donnés au moment du départ, et qui nous sont confirmés par les gens de l'équipage, qu'il est inutile pour nous de pousser jusqu'à Nagaoka; en effet, Miyamoto, hameau situé sur la route que nous devons suivre, se trouve à égale distance de cette ville et de Yo-hita; en descendant donc à ce dernier village, nous gagnerons tout le temps que le bateau mettra à terminer sa traversée, c'est-à-dire près de deux heures; il est décidé que nous débarquerons à Yo-hita.

A mesure que nous avançons, le courant du fleuve devient de plus en plus rapide, mais, par compensation, la crue s'accentue davantage, et les échouages ne sont plus à craindre, l'eau ayant monté de près de 2 pieds, c'est-à-dire de tout le tirant d'eau du navire; aussi marchons-nous à toute vitesse et en ligne droite de pointe en pointe; plus n'est besoin de chercher en tâtonnant un chenal navigable, nous pouvons passer partout.

A 1 h. 20 minutes, nous atteignons Okawa; cette station et celle d'Ousseuï, beaucoup plus bas, puis celle de Yo-hita, où nous devons descendre, sont les seules situées sur la rive gauche, toutes les autres se trouvent sur la rive droite, excepté', bien entendu, Niigata, notre point de départ.

Nous voici de nouveau dans les cantons infestés par le choléra; comme à l'aller, nous apercevons plusieurs agents de police sur la berge, et l'on respire à plein nez l'odeur peu agréable de l'acide phénique.

A 1 h. 1/2, nous rencontrons un deuxième vapeur de la même Compagnie; il y aura donc aujourd'hui trois départs de Nagaoka; je dois constater encore une fois que la mauvaise chance me poursuit, car, depuis une semaine, le service ne s'est trouvé réduit à un bateau que pendant deux journées seulement, celle du 23, date de mon arrivée dans le haut de la partie navigable du Shinano-gawa, puis celle d'hier, lorsque, revenant de ma promenade en mer, je comptais sur un second départ pour prendre sans perdre de temps la route que nous suivons aujourd'hui.

Nous accostons au débarcadère de Yo-hita à 2 h. 10 minutes; d'accord avec mon compagnon de route, je fais demander, sur un ton demi-sérieux, si la Compagnie ne va pas nous rembourser le prix du trajet restant à parcourir, d'ici à Nagaoka, ainsi que cela a été fait hier pour le bateau de Naoetseu; le capitaine nous répond avec justesse que ce remboursement ne nous est point dû, car nous ne sommes pas forcés de descendre ici, et rien ne nous empêchait au départ de prendre nos billets pour une station intermédiaire quelconque de la route. Il n'y a qu'à s'incliner devant ce raisonnement, et d'ailleurs l'affaire n'en vaut guère la peine; nous lui disons que c'était pour rire et il en rit avec nous; tous ses hommes s'empressent de nous aider à débarquer avec nos petits bagages, nous nous séparons en amis, nous souhaitant mutuellement bonne santé, bon voyage, bonne chance et au revoir!

Yo-hita est un village assez important (2700 âmes), construit en contre-bas à 300 mètres environ du bord du fleuve; les maisons, pour la plupart sans étage, sont d'une apparence misérable, et l'aspect de cette localité est d'autant plus triste que l'épidémie décime en ce moment sa population; tout y prend un air lugubre, sentant la désolation et la mort.

La légère couche de chaux qui couvre les rues rappellerait la gelée blanche d'une matinée d'automne, si la chaleur accablante du soleil ne nous ramenait à la réalité; de chaque côté, sous les auvents des maisons, quelques hommes se promènent en arrosant les murailles avec de l'acide phénique; pas la moindre animation, aucune bande d'enfants jouant au milieu de la route, comme c'est généralement le cas quand on traverse un endroit habité; les constructions paraissent en majeure partie abandonnées; au moment même de notre rapide passage, la police procède à la levée d'un corps, et nous remarquons dans la rue principale quatre maisons aux façades entourées de barrières faites de cordes en paille et de bambous, nouvellement dressées, indice habituel de décès récents en temps de choléra.

Afin de rendre plus efficaces les mesures préventives de toutes sortes, le gouvernement prescrit la crémation des corps pendant une épidémie contagieuse; ce procédé qui, d'ordinaire, n'est employé que par une faible partie de la population, appartenant à certaines

sectes religieuses, devient alors obligatoire pour tous.
Et ce n'est point seulement le corps. du défunt qui
doit être brûlé, mais aussi tous les effets, meubles ou
ustensiles dont il a fait usage pendant sa maladie. Il
en résulte que l'on ne se met plus en
frais pour les cercueils; la caisse, longue
ou carrée, est remplacée par un simple

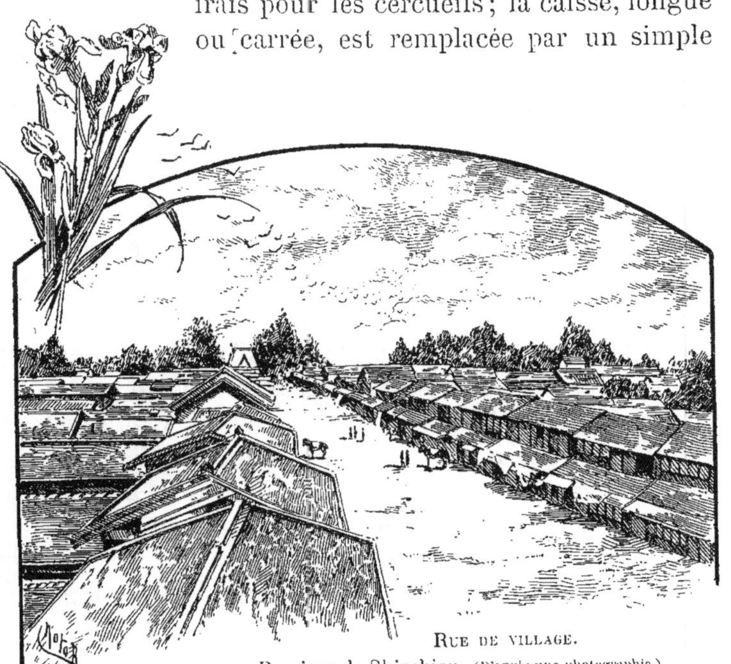

RUE DE VILLAGE.
Province de Shinshiou. (D'après une photographie.)

baquet, un peu plus grand que ceux employés pour
contenir le *saké*, que deux hommes enlèvent suspendu au milieu d'un gros bambou; la police les
escorte jusqu'au lieu choisi pour la crémation, situé
d'habitude assez loin de tout endroit habité. Nous
avons rencontré quelques-uns de ces tristes cor-

tèges, soit à Niigata, soit pendant notre excursion à Niitseu; mais tous les porteurs et leurs suivants me paraissaient alors en goguette, ce qui n'a rien d'étonnant, car, dans ce pays, un enterrement est une fête dans laquelle l'eau-de-vie de riz joue toujours le premier rôle. Ici, c'est dans le plus grand silence et sans le moindre accompagnement que les victimes du fléau accomplissent leur dernier voyage : la consternation est à son comble.

A la sortie de cette bourgade désolée, la vue de la campagne nous réconforte quelque peu; de beaux bouquets d'arbres ombragent çà et là des temples et des miyas dont plusieurs paraissent avoir une certaine importance. Le chemin de traverse que nous parcourons est des plus pittoresques, il suit la base d'une rangée de collines très boisées, mais de peu d'élévation, dont les ondulations se continuent indéfiniment sur notre droite; à leurs pieds, les fermes se succèdent presque sans interruption; nous traversons une zone religieuse, car les bonzeries et les chapelles sont ici en nombre très considérable, relativement à la population des hameaux échelonnés sur la route.

A la distance d'un ri environ, au-delà de Yo-hita, se trouve Waki-no-matchi; le choléra, quoique sévissant d'une manière terrible dans le voisinage, n'y a pas encore fait son apparition, aussi monte-t-on bonne garde, et les précautions sont prises pour l'empêcher d'y pénétrer : les sentiers à travers champs sont interceptés par des palissades en bambous; la route, à l'entrée du village, est rétrécie par des barrières, de façon à laisser à peine le passage suffisant pour un djinrikishia; de chaque côté se tiennent debout et au port d'armes deux notables de l'endroit : le maire et son adjoint, ou tout

au moins deux conseillers municipaux; leurs physio-
nomies graves et religieusement compassées indiquent
suffisamment qu'ils sont là pour accomplir un sacerdoce,
d'ailleurs facile à deviner : chacun d'eux est armé d'une
seringue remplie d'acide phénique; il n'y a pas à reculer,
il faut passer entre deux feux; j'émoustille mes traîneurs, et, à l'aide de mon parapluie, j'esquive la bordée
de tribord, mais j'essuie forcément au passage celle de
babord; l'odeur de ce désinfectant me paraissant encore
plus désagréable que celle des engrais répandus dans
les rizières (1), ce qui n'est pas peu dire, je me vois obligé
de changer de vêtement à la première halte.

La route continue à suivre les détours de cette gra-
cieuse vallée, elle coupe une ligne de poteaux télégraphiques, c'est, me dit-on, celle qui relie les deux lignes
principales de Nagaoka à Niigata par l'intérieur, et de
Naoetseu à Niigata par le bord de la mer; elle rejoint
cette dernière à Idzeumossaki, ville de la côte, à 5 ou 6 ris
au-dessus de Naoetseu et d'une population d'environ
10 000 habitants, adonnée principalement à la pêche.

(1) L'engrais humain est presque exclusivement employé dans les rizières.

CHAPITRE II

**Miyamoto. — Un chemin pittoresque. — Sotchi-moura et ses
puits à pétrole. — Considérations sur la vitesse des djinrikis.
— Kashiwazaki. — Le passage d'un étranger est un véritable
événement. — Les Kashizashiki.**

Miyamoto (le commencement des chapelles), où nous
arrivons à 4 heures, n'est qu'un hameau de 250 habitants; il se compose, en majeure partie, d'auberges,
et n'a quelque importance que par sa situation sur la
grande route de Nagaoka à Kashiwazaki. Nous changeons
ici de djinrikishias et de traîneurs; la distance parcourue depuis Yo-hita n'est guère que de 4 ris, et il
nous en reste à peu près 6 à faire d'ici à la halte de ce
soir, mais la route devenant moins mauvaise, j'espère
que nous pourrons arriver avant la nuit.

Le tarif des petites voitures continue d'être modéré :
nous ne payons que 5 sens par homme et par ri.

La campagne est des plus verdoyantes; sur les pentes,

les bosquets se succèdent à courts intervalles, aussi
le paysage n'a-t-il rien de monotone, quoique les rizières, qui, jusqu'ici, n'occupaient que le fond des vallées,
remontent maintenant par de nombreuses terrasses
superposées en forme de gradins, jusqu'au pied des
grands arbres qui couronnent sans interruption les
sommets des collines. Au lieu de continuer à suivre
les coteaux de droite à mi-hauteur, le chemin gravit
quelques pentes peu rapides, puis s'enfonce dans un
vallon qui se rétrécit de plus en plus et se termine
bientôt par une gorge sans aucune issue apparente. Cette
partie du pays, quoique cultivée partout avec soin,
semble beaucoup moins peuplée que la vallée de Yo-
hita à Miyamoto; les habitations se trouvent, selon toutes
probabilités, dans les replis de terrain parallèles à celui
au fond duquel est tracée la route, car nous entendons
en passant des voix humaines sans voir personne et
les bruits ordinaires dans le voisinage des habitations
à la campagne : cris d'enfants, chants des coqs, aboie-
ments des chiens, etc.

Tout à coup, nous sortons de cette chaîne de collines
par une tranchée profonde, récemment creusée, à l'extrémité de laquelle nous jouissons d'un panorama splen-
dide : à droite, dans le lointain, la mer; puis, à l'horizon, les montagnes de Noto avec leurs crêtes dentelées;
devant nous, par-dessus les dernières ondulations du
terrain, dont les plus élevées continuent de masquer
notre gauche, une vaste plaine, couverte de rizières, se
terminant au pied du Yoné-San.

Après avoir traversé une nouvelle vallée, nous gravissons les hauteurs de Sotchi; le village est situé un
peu plus loin, à environ un kilomètre dans le bas;
les puits à pétrole, au nombre de quarante, sont creusés

sur la colline; dix ou douze, très rapprochés les uns
des autres, se trouvent sur les bords mêmes de la route.
Comme partout au Japon, il est plus que difficile d'obtenir des renseignements de quelque exactitude; mais
il résulte des informations fournies par l'aubergiste
chez lequel nous nous reposons un instant, que le
rendement de ces puits est tombé à un chiffre bien
minime; à peine l'estime-t-on à 2 kokous par jour. Ce
qui me surprend le plus, c'est la profondeur à laquelle
on me dit être parvenu sans aucun procédé méca-
nique : 200 ken, soit 360 mètres; il m'est impossible
de vérifier cette assertion, qu'il ne faut accueillir que
sous toutes réserves.

Nous traversons Oshinden à 6 h. 1/2, et arrivons à
Kashiwazaki trois quarts d'heure après.

Le médecin de marine avait quitté Yo-hita quelques minutes après moi; cependant nous fîmes, pour
ainsi dire, ensemble le trajet tout entier. J'avais pris
deux voitures à deux hommes chacune, tandis qu'il
avait pris deux voitures à un homme chacune, ce qui
est bien préférable, me dit-il; et en effet, il n'eut pas
de peine à me dépasser à plusieurs reprises; nous ne
nous retrouvions ensemble qu'aux diverses stations de
la route et aux rudes montées des collines, quand je
mettais pied à terre pour exécuter un pas de course
gymnastique et soulager ainsi mes hommes, tandis que
lui ne bougeait pas de son véhicule. Mais il m'eût été
impossible de suivre son exemple, car j'estime que le
poids de ma seule personne placé dans le plateau d'une
balance aurait suffi pour faire équilibre au chargement
de ses deux djinrikis. J'ai eu d'ailleurs, en d'autres circonstances, l'occasion de constater l'exactitude de son
appréciation : avec un bagage des plus légers j'étais

loin de réaliser, en employant deux voitures à trois hommes, la même vitesse qu'avec trois voitures à deux hommes.

La ville de Kashiwazaki (1), dont la population atteint aujourd'hui 15 000 âmes, présente un air d'aisance et de prospérité. Nous y entrons par une large rue de 3 kilomètres de longueur, bordée de belles maisons à étages; l'hôtel, auquel nous descendons, tenu par Téniya Kiohei, est excessivement vaste et très aéré; on me fait traverser successivement cinq ou six corps de bâtiments, placés les uns derrière les autres, pour m'installer dans celui du fond ayant vue sur la mer. La brise du large, qui souffle en ce moment, amène une fraîcheur comme je n'en ai rencontré nulle part depuis plus de trois mois; car, malgré la saison, je me vois obligé de faire fermer les cloisons mobiles afin d'éviter un courant d'air trop vif.

De la véranda de ma chambre, j'aperçois de nouveau à l'horizon les hauteurs de Noto; l'île de Sado est cachée par la brume du soir; les vagues roulent en cadence, et tout au bord de la plage s'étend un bassin tranquille, crique ou plutôt lagune séparée de la mer par une langue de sable; ses eaux ne doivent pas offrir une grande profondeur, car aucun bateau n'y séjourne en ce moment; plusieurs embarcations de pêcheurs sont halées à terre sur le côté extérieur de l'étroite barre de sable, et rien ne serait plus facile que de la leur faire franchir complètement pour retomber dans ce petit réservoir d'eaux calmes; c'est, selon toute apparence, une manœuvre qui doit s'exécuter à l'approche du mauvais temps.

(1) De *Kashiwa*, chêne, et *saki*, cap.

A peine arrivés, nous sommes assiégés par une procession interminable d'industriels de toutes sortes, venant faire leurs offres de services ou proposer leurs marchandises; l'un des premiers est le barbier; c'est la seule fois dans tous mes voyages au Japon que cet artiste se présente de lui-même (en Chine, c'est généralement l'usage); à Niigata, la grande ville, il a fallu le faire appeler à plusieurs reprises et s'y prendre à l'avance, et, dans les villages de la route, pas n'est besoin de dire que j'ai dû me passer de son ministère. Puis viennent les masseurs et les masseuses, les djinrikis, les bateliers et pêcheurs et enfin les marchands. L'hôte a grande peine à les chasser en leur faisant remarquer que son premier devoir est de nous conduire au bain (1).

La principale industrie du pays est celle des *tchidjimis d'Etchigo;* il ne s'agit plus ici d'un tissu de soie, mais simplement d'un genre de cotonnade crêpée, ayant une très belle apparence; on trouve aussi, préparées de la même manière, des étoffes de chanvre d'une finesse remarquable. Les boîtes et ballots de marchandises sont entassés dans les pièces avoisinant celle que nous occupons, les porteurs attendent à distance respectueuse que nous ayons terminé, et notre repas du soir et surtout la conversation entamée avec notre hôte, entretien qui menace de se prolonger indéfiniment. Au dessert, sur mon invitation, le déballage commence; les marchands se pressent en foule pour nous offrir des tissus de toutes couleurs; quelques dessins sont assez

_____

(1) Au Japon, dès que l'on fait halte, soit pour la nuit, soit pour se reposer pendant quelques heures seulement, dans un hôtel comme dans toute autre maison japonaise, le bain, chauffé à haute température, est offert aux visiteurs, quelle que soit l'heure de leur arrivée.

originaux, mais je ne ferai pas de jaloux; s'il me restait la moindre indécision, elle serait bien vite dissipée par les réflexions de mon domestique japonais, réflexions que j'avais déjà faites moi-même mentalement : le transport coûterait plus que la marchandise; et puis, on trouve d'ailleurs ces mêmes articles à Tokio.

Aux marchands de *tchidjimi* succèdent les vendeurs de laques communes; ils ne sont pas plus heureux avec moi, je suis pressé de rentrer et je ne me soucie point de m'encombrer d'emplettes qui pourraient retarder ma marche.

Nous sommes ici en plein Japon de l'ancien temps; le propriétaire de l'hôtel, un aimable petit vieux, qui porte gaillardement ses cinquante-cinq hivers, me déclare que mon passage est un véritable événement, il n'a vu que trois ou quatre Européens dans sa vie; ceux qui ont passé ici avant moi étaient des *bonzes* qui vendaient des livres, très probablement des pasteurs protestants américains, qui distribuent partout des bibles, et se nourrissent d'ordinaire à la japonaise en voyage.

Toute la maison se range autour de moi au moment de mon dîner; ayant renouvelé mes provisions à Niigata, je puis satisfaire la curiosité de notre hôte en lui faisant goûter chaque liquide et chaque mets; d'abord l'absinthe, le vermouth et le vin ordinaire; puis le saucisson, une véritable énigme pour les deux sexes; ensuite le poulet froid, le fromage et les amandes, deux nouveaux sujets d'étonnement; enfin le café, le cognac et surtout le sucre blanc coupé en petits morceaux carrés, et dont je me vois obligé de limiter la consommation. A chaque dégustation, ce sont des reniflements (marques de gratitude et de respect), des coups de langue et surtout des exclamations impossibles à traduire, des salutations à en prendre le torticoli ou à se disloquer la colonne vertébrale. Toutes ces choses, que l'on déclare si bonnes et que l'on pense peut-être mauvaises, étaient complètement inconnues dans le pays, et le vieil hôtelier japonais, tout guilleret, dut ressentir, sinon un léger malaise, au moins un profond besoin de repos. Par compensation, mon Japonais se voit régaler de poissons choisis, auxquels moi-même je fais honneur, car cette partie de la côte a la réputation d'en fournir d'incomparables.

J'ai soin de me procurer des traîneurs pour le lendemain; mais, l'expérience m'ayant appris qu'il y a tout avantage à les remplacer après deux heures de course environ, je ne les engage que pour la moitié du chemin, ce qui paraît, d'ailleurs, leur convenir beaucoup mieux. Je demande quelques renseignements sur le nouveau chemin de fer de Naoetseu, l'employé du télégraphe, dont le bureau, de construction récente, se trouve de l'autre côté de la grande rue, juste en face de l'hôtel, me propose d'envoyer un télégramme pour avoir des informations exactes, je juge que cela n'en vaut pas la peine. Le directeur de la poste s'empresse de m'apporter un journal rendant compte de l'inauguration; le prix des places s'y trouve mentionné pour chaque station de la voie, et je constate qu'il n'y a que deux trains par jour partant de Naoetseu : l'un, à 7 heures du matin; l'autre, à 4 heures du soir; et je ne puis connaître ni les heures d'arrivée à Sékiyama, ni la distance à parcourir.

Malgré la fraîcheur bienfaisante de la nuit, il m'est impossible de fermer l'œil, car, si l'hôtel est tranquille, on ne saurait en dire autant des établissements du

voisinage; la ville entière me paraît en liesse; de tous
côtés le bruit discordant des shiamissen, mêlé aux chants
ou plutôt aux vociférations gutturales de femmes et
d'hommes en goguette, se fait entendre. Les plus belles
des constructions à étages qui bordent la rue principale,
maintenant éclairées *à giorno*, ne sont autres que des
kashizashiki (1), sortes d'hôtels meublés, sans meubles,
servant de rendez-vous, déserts le jour, peuplés la nuit.

(1) De *kashi*, louer, prêter, et *zashiki*, chambre, appartement.

CHAPITRE III

Dimanche, 29 août. — A 6 heures du matin, nous quittons l'hôtel de Kashiwazaki pour nous remettre en route en djinrikishias à deux hommes; nous sortons de la ville par un faubourg bâti au bord de la mer sur la pente d'une première chaîne de collines, ce n'est plus ici le quartier riche et commerçant; les maisons ont une apparence des plus modestes; quelques-unes, cependant, sur des terrasses entourées de palissades ou même de murs en pierres, d'un aspect confortable, semblent appartenir à des propriétaires aisés, sinon à des négociants ou à des armateurs pour la pêche; car ce faubourg est principalement peuplé par les petits industriels et les marins. A mi-côte, nous traversons un petit cours d'eau étroit et profond; la rue n'est pas très large, mais elle se continue sur une longueur au moins égale à celle de la grande avenue de la ville basse. Le choléra a fait ici quelques victimes ; nous remarquons les abords de plusieurs logements saupoudrés de chaux et arrosés d'acide phénique ; mais aucune maison n'est entièrement abandonnée, chacun vaque à ses affaires, et si l'on rencontre quelques visages tristes, il n'y a rien de comparable à la désolation qui régnait hier à Yo-hita.

En sortant de ce long faubourg, la route serpente sur des contreforts successifs, mais de peu d'élévation : tantôt, taillée en corniche, elle passe au bord de la mer ; tantôt, reprenant les versants intérieurs, encaissée dans un étroit vallon, elle laisse le regard du voyageur se reposer de l'immense horizon de tout à l'heure, et on se prend alors à regretter le bruit des vagues que l'on retrouvera dans quelques instants. Aux détours extérieurs des falaises, nous apercevons dans le nord l'île de Sado, et au nord-est les montagnes de Yabiko, qui, vues des routes de terre suivies jusqu'à présent, et même du cours du Shinano-gawa, ne peuvent être supposées aussi près de la côte ; elles nous apparaissent comme deux îles distinctes faisant suite à un cap.

Après avoir traversé plusieurs tranchées successives, la nouvelle route descend, par de nombreux zigzags, au fond d'un petit vallon pour franchir, sur un pont en planches et à 5 ou 600 mètres à peine de son embouchure, l'Omigawa, qui n'est, à proprement parler, en ce moment du moins, qu'un paisible ruisseau ; elle remonte ensuite sur l'autre coteau par des contours à peu près semblables à ceux de la descente, pour atteindre, sur la colline d'en face s'avançant comme un promontoire, le village qui porte le nom de cette petite rivière ; l'étroite vallée que nous avons mis plus d'un quart

OMIGAWA. (D'après une photographie.)

d'heure à traverser n'a guère que 200 mètres de large.
La maison de thé où nous faisons halte est située au
sommet de la première falaise taillée à pic, sur la mer,
à une hauteur d'environ 40 mètres, d'où la vue domine
les prolongements de la côte; c'est encore, à droite,
Yabiko, et à gauche, Noto, qui les terminent; Sado se
présente au large. Nous retrouverons ce panorama aux
prochains détours de la route en corniche, et même
à chaque fois que nous rallierons le bord de la mer d'ici
à Naoetseu, mais nulle part aussi étendu, ni d'une
manière aussi distincte qu'à Omigawa.

Mon compagnon de la veille, descendu au même
hôtel que nous à Kashiwazaki, a dû repartir ce matin
à peu près au même moment, car nous l'apercevons
avec ses deux voitures dégringolant l'autre côté du
vallon : il est 7 h. 1/2.

Un quart d'heure plus tard nous traversons Kasa-
shima (1), pauvre hameau de pêcheurs, qui tire évidemment son nom de l'îlot situé en face, présentant
exactement la forme d'un champignon ou d'un parapluie. Jusqu'ici toute cette côte n'est qu'une succes-
sion de petites anses trop ouvertes et parsemées de
roches ne pouvant offrir le moindre abri aux bateaux,
même à ceux des pêcheurs, contre les vents du large.

Un peu après 8 heures, nous gravissons une nouvelle chaîne de collines; à un kilomètre devant nous,
au fond de la vallée que nous traverserons tout à
l'heure et sur une petite plage de sable, se trouve le
village d'Aghéwa-moura. Sur le plateau où nous faisons halte, à droite de la route s'élèvent trois ou quatre
maisons de thé ou tchiayas; en face de la première,

---

(1) *Kassa*, parapluie ou ombrelle; *shima*, île.

à une vingtaine de pas sur l'autre bord, on nous
montre un petit puits entouré d'une margelle circu-
laire faite d'une seule pierre de granit, ayant à peine
un pied et demi de diamètre intérieur, laissant déborder
constamment une eau délicieusement fraîche, en toute
saison, même pendant les plus grandes sécheresses;
un peu plus loin on aperçoit les torii (portiques) d'une
modeste miya. Ce lieu, assez désert et presque triste,
mais d'un horizon grandiose, ayant d'un côté la mer,
de l'autre, à courte distance, les hauts sommets d'un
groupe de montagnes boisées, possède une légende que
je reproduirai brièvement. Cette eau, me dit-on, vient
du pic majestueux du Yonésan, qui se dresse en face
de nous, à peu près à l'est; l'endroit où nous sommes
est devenu célèbre à la suite de la halte forcée que dut
y faire, dans les douleurs de l'enfantement, la femme
du héros légendaire Yoshitscuné, frère de Yoritomo.
Mes traîneurs ont le soin de me prévenir que ce serait
manquer à toutes les règles de l'étiquette locale, sinon
commettre une profanation, que de demander du thé,
la boisson en usage partout ailleurs; ici, les voyageurs
de passage ne doivent boire que de l'eau glacée, tiède
ou chaude, à leur choix; la croyance populaire attribue
à cette source le don de faciliter les couches des femmes
et de les préserver de toutes sortes de maladies. Sur
mon observation du peu d'intérêt que cela peut offrir
au sexe fort, on ajoute que cette même source a la
propriété d'assurer une vigueur extraordinaire à toute
progéniture mâle.

L'histoire de Yoshitscuné remplit plusieurs volumes;
elle a fourni les sujets d'un grand nombre de pièces de
théâtre, la plupart dramatiques, du répertoire national;
aussi mon intention n'est-elle pas d'entreprendre une

analyse qui serait trop longue, quoique sans doute intéressante à plusieurs points de vue; mais je ne crois
pouvoir me dispenser, avant de donner la traduction
du petit opuscule qui m'a été religieusement remis à
cette station, de faire connaître brièvement au lecteur
Yoritomo d'abord et son frère Yoshitseuné ensuite.

Yoritomo, le fondateur de cette dynastie des maires
du palais, connus sous le nom de Shiogouns (improprement appelés Taïkouns), qui conservèrent le pouvoir
suprême jusqu'en 1868 et que les étrangers ont considérés à tort, pendant des siècles, comme les souverains
temporels du Japon, naquit en la quatrième année de
Ki-ou-an (1148); il appartenait à la grande famille militaire des Minamoto. Son père Yoshitomo fut tué en
combattant les Taïra (1158); Kiyomori, chef de cette
puissante maison rivale, s'était emparé des rênes du
gouvernement et commençait à faire trembler le Mikado
réduit dans son palais au rôle passif et soi-disant spi-
rituel que ses successeurs ont conservé pendant une
si longue période. Non content de la mort du seul chef
qui pouvait lui disputer la suprématie militaire, il en
fit exiler tous les enfants, quoique leur bas âge les
rendît peu à craindre. Notre héros vécut donc ignoré
dans la province d'Idzeu, jusqu'à la première année
de Yowa (1181); à cette époque, l'empereur régnant,
Antokou-tenno, fatigué du joug des Taïra et des humi-
liations qu'il subissait en silence depuis son avène-
ment au trône et qu'avaient supportées ses deux pré-
décesseurs, résolut de s'en affranchir. Il ne pouvait
mieux faire que d'appeler à son aide Yoritomo et les
nombreux partisans de la famille des Minamoto qui,
cachés dans diverses provinces, attendaient patiemment
l'occasion de renverser leurs ennemis héréditaires. Une

guerre sans trève ni merci commença entre ces deux
puissantes maisons féodales; elle dura cinq ans (1181-
1185). L'armée de Yoritomo, victorieuse dans tous les
combats, extermina définitivement les débris de celle
des Taïra dans une bataille navale qui fut livrée près
de Shimonoseki, port situé à l'entrée de la mer intérieure
et rendu célèbre dans l'histoire contemporaine par ses
attaques contre les navires de guerre de plusieurs puissances occidentales à l'époque de la conclusion des
traités de commerce actuellement existants.

Dès lors le clan des Minamoto restait sans rival;
l'empereur Go-toba, successeur d'Antokou, en récom-
pense des services rendus, conféra à son chef Yoritomo le titre de Seï-taï Shiogoun (généralissime), pré-
parant ainsi lui-même, en l'investissant du suprême
pouvoir civil et militaire, la décadence de la dignité
impériale dont les représentants devinrent, à partir de
ce moment, pour une période de plus de six cents ans,
des rois fainéants séquestrés dans leur propre palais.
Le Mikado n'avait donc secoué un joug détesté que
pour retomber sous un autre plus durable; la ruine
des Taïra, préparée par lui, accomplie par Yoritomo, ne
profita qu'à ce dernier et à ses descendants.

Le Shiogoun choisit pour capitale militaire le ber-
ceau de ses ancêtres, la ville de Kamakoura, dans la
province de Sagami. Cette localité, située à peu de
distance de Yokohama (22 kilomètres), ne présente
aujourd'hui à l'observation des visiteurs étrangers
aucun vestige de son ancienne splendeur, en dehors
de la statue colossale du Daïboutseu (Bouddha) et du
temple d'Hatchiman, décrits par tous les globe-trotters
de passage. Cependant les pèlerins japonais qui s'y
rendent en foule pendant quelques mois de l'année,

trouvant à chaque pas un souvenir historique, n'emploient pas moins d'une semaine à parcourir ce canton.

De Kamakoura, le Shiogoun gouvernait tout l'empire : les *samouraï* (1) des provinces les plus reculées venaient lui rendre hommage et ne reconnaissaient d'autre pouvoir que le sien; sa cour rivalisait de luxe et de richesse avec celle du souverain légitime, le Mikado, dont la résidence restait fixée à Kioto, la ville sainte. Bientôt la petite vallée de Kamakoura se trouva trop étroite pour contenir cette agglomération de près d'un million d'hommes; la ville s'étendait au-delà de la rangée des collines qui n'enferment plus aujourd'hui que quelques pauvres villages de pêcheurs; l'un de ses faubourgs se terminait à Kanazawa, sur la baie de Yedo. La décadence et la ruine commencèrent en 1333, époque à laquelle le Shiogoun avec toute sa cour revint se fixer à Kiyoto; la capitale déchue fut confiée, pendant environ trois siècles, aux soins d'un administrateur, et tomba peu à peu au rang d'une petite ville de province.

Yoritomo mourut en l'an 1200, après quinze années de règne; son fils Yori-Iyé lui succéda. Le vainqueur des Taïra repose dans son ancienne capitale, son tombeau se trouve à 300 mètres environ du temple d'Hatchiman, dans la partie de la colline qui porte le nom de Youki-no-shita (seuil de neige); on aperçoit actuellement à droite de la grande avenue, dans le bas du même temple, un échafaudage et des nattes cachant un sanctuaire en construction; c'est un monument qui s'élève à la mémoire du premier Shiogoun et qui portera le nom de Shira-Hata (le drapeau blanc, emblème de la maison des Minamoto).

____

(1) Homme à deux sabres, ancienne noblesse militaire.

Yoshitseuné, l'un des héros les plus populaires de l'histoire du Japon, avait hérité des nobles qualités de son aïeul Hatchiman-Taro (le dieu de la guerre). Premier lieutenant de son frère et placé comme tel à la tête de son armée, pendant que Yoritomo restait à Kamakoura, occupé à fonder sa puissance, à asseoir les bases du nouveau gouvernement et à établir son autorité suprême, Yoshitseuné dirigeait en personne les expéditions successives contre la maison des Taïra; soldat intrépide, tacticien habile, il marchait de victoire en victoire, suppléant à l'infériorité du nombre, tantôt par des stratagèmes, tantôt par des coups de hardiesse. A lui seul revenaient l'honneur et la gloire de ces brillants exploits; son frère ne tarda pas à en concevoir une jalousie mortelle. Toutes les protestations de dévouement et de fidélité à sa cause ne faisaient qu'aigrir la colère de Yoritomo et ne pouvaient apaiser ses soupçons. Parvenu au sommet de la puissance, le chef de la famille des Minamoto ne pouvait pardonner au vainqueur des Taïra de l'éclipser par sa bravoure; il craignait surtout que l'immense popularité de Yoshitseuné ne le portât à s'emparer du pouvoir. La conduite injuste et cruelle du Shiogoun envers ses deux frères restera la plus grande tache à sa mémoire; malgré leurs serments sincères de loyauté, il avait résolu leur mort. Noriyori, le moins redoutable et peut-être aussi le moins bien gardé, périt, assassiné par son ordre, dans la province d'Idzeu. Yoshitseuné, suivi de quelques fidèles lieutenants, se réfugia, sous un déguisement, dans celle de Moutseu, dont le seigneur, Hidéira, n'avait pas encore fait sa soumission au nouveau pouvoir. Selon quelques historiens, notre héros aurait succombé dans un guet-apens que lui tendit le fils de son hôte, au mépris de toutes les lois de l'hospitalité et à l'instigation de Yoritomo ; d'après plusieurs autres, dégoûté de la vie par l'ingratitude de son frère, après tant de services rendus, arrivé dans la province d'Oshiou, se voyant sans cesse traqué et poursuivi, il aurait d'abord immolé sa femme et ses enfants pour mourir ensuite de sa propre main, en accomplissant cet acte courageux et barbare du hara-kiri (s'ouvrir le ventre), la seule mort digne d'un samouraï ; sa tête aurait été expédiée par les espions qui le suivaient partout, au Shiogoun, à Kamakoura ; mais cette version est beaucoup moins répandue que les suivantes :

La croyance la plus populaire est que Yoshitseuné, après avoir traversé les provinces du Nord du Japon, passa dans l'île de Yesso. Là, il serait mort en paix à la tête d'un royaume conquis par sa seule bravoure et dont il fut le premier législateur, aimé et respecté de ses sujets ; ce qui paraît confirmer cette opinion, c'est que les Aïnos, tribus sauvages, dont l'origine est encore une énigme, supposés les véritables aborigènes du Japon, ont conservé pour sa mémoire une grande vénération ; ce serait même la seule trace de culte que l'on ait rencontrée chez eux.

Enfin, la version la plus curieuse, la plus accréditée aujourd'hui auprès des classes instruites et que j'ai entendu discuter par des jeunes gens de la nouvelle génération ayant fait leurs études en Europe, est celle-ci : Yoshitseuné, après avoir traversé les provinces du Nord du Japon et peut-être même l'île de Yesso, aurait passé sur le continent asiatique et ne ferait qu'une seule et même personne avec le puissant chef Gengis-Khan, qui, après avoir conquis la Corée, la Chine, la Tartarie, la Perse et jusqu'à la Russie méridionale,

fit trembler un moment les puissances européennes.
Cette tradition provient-elle de quelque vieux récit fantaisiste rendu vraisemblable par une coïncidence de
dates, ou bien repose-t-elle sur un fond de vérité, c'est
ce qu'il serait fort difficile d'approfondir.

Je terminerai ce chapitre par la traduction, à peu
près littérale, de la notice sur la chapelle d'Aghéwa-
moura, notice beaucoup moins intéressante que la digression historique qui précède. Il convient toutefois
de faire remarquer que les temples (téra), chapelle
(miya) et tous les emblèmes ou édifices religieux en
général n'entraînent pas forcément l'idée d'une divi-
nité. Chez les peuples de l'Occident, le souvenir des
événements remarquables, la mémoire des hommes
célèbres se trouvent perpétués par des monuments ou
par des statues; au Japon, soit à cause du manque
de matériaux, soit à cause de l'absence d'idéal, l'art
de la statuaire ne s'est point répandu; c'est en ayant
recours à la forme religieuse que les générations se
transmettent ici les événements de leur histoire, et
telle miya ne rappelle souvent qu'un fait tout à fait
secondaire et sans importance.

« Le temple d'Enahimé Daïmiodjin doit son origine
à l'ensevelissement, en cet endroit, par le page Benké,
du cordon ombilical (Ena) de Kaméwakamarou, fils
de Yoshitseuné. En voici l'histoire :

« A la fin du printemps de la deuxième année de
Boundji (1186), Yoshitseuné, se dirigeant vers la province d'Oshiou, accompagné d'une suite de dix-sept
nobles dont l'histoire a conservé les noms, et parmi
lesquels se trouvaient les pages Mousashi-bô-Benké,
Kaméï, Ishé, Kataoka, Souroúga et Gon-no-Kami, arriva
à Naoetseu en passant par Takashégaséki, province de

Cascade de Shiro-ito-no-Taki (Aghewa-moura)

(D'après une photographie).

Kaga. Ils prirent là un bateau pour se rendre à Téra-donnari; mais, peu après leur départ, ils furent assaillis par un orage épouvantable, suscité par les mânes des Taïra que Yoshitseuné avait exterminés à Shimonoséki; ne pouvant aller plus loin, ils relâchèrent en cet endroit, à Kamiwari.

« Quelques instants après, la femme de Yoshitseuné fut prise par les douleurs de l'enfantement; on dressa alors un sandjio (lit à accoucher) provisoire, avec des branches de yanaghi (saule). Depuis lors, cet arbre fut nommé koyaseu-yanaghi, et l'on reconnaît encore aujourd'hui l'endroit où il avait été planté.

« Benké sortit alors de ses vêtements un motchi (petit pain fait avec la farine de riz), en fit offrande en l'appelant tchikara-motchi (expression qui signifie fier-à-bras, motchi s'écrivant par des caractères différents sans changer de prononciation). Ensuite, désirant avoir de l'eau, Benké fit un trou dans la terre avec la canne dont il ne se séparait jamais, et dit : *Namouya oudjigami Shio-Ilatchiman* (1) *midzeu idas-sassé tamaé* « A la faveur du dieu Shio-Ilatchiman, « nous espérons trouver de l'eau. » Une source jaillit aussitôt. Benké, au comble de la joie, y lava le petit prince qui venait de naître, et s'écria : « Que ta vie « soit aussi longue que celle de Mioura-Daïshiouké (2), « sois vaillant comme ton père et fort comme moi? » On donna au nouveau-né le nom de Kaméwakamarou, et depuis lors cette montagne s'appelle Kaméwakayama.

« Au midi fut enterré le cordon ombilical, et cet endroit conserve le nom de Enahimé Miodjin (dieu

----

(1) Ce dieu étant le protecteur de la maison des Minamoto, par conséquent de Yoshitseuné.

(2) Célèbre guerrier qui mourut, dit-on, à l'âge de cent six ans.

des cordons ombilicaux); on y remarque encore une pierre que Benké y planta lui-même en mémoire de l'événement.

« A l'ouest se trouve Oubouya Yashiki, maison où accoucha la princesse Yoshitseuné. Au nord, la source Oubouya Midzeu, dont les eaux sont intarissables, même pendant les plus fortes sécheresses. C'est avec ces eaux que l'on fait les biscuits de farine de riz appelés andzan, benké, tchikara-motchi; elles ont le don de préserver les femmes de toutes sortes de maladies. Dans le nord-ouest, on distingue une cascade, c'est le Shiro-ito-no-taki (la cascade des fils blancs). »

CHAPITRE IV

Hassaki. — Kakizaki. — Sel et poisson, etc. — La ville de Naoetseu. — Embouchure du Sékigawa. — La rade. — La nouvelle gare. — De Naoetseu à Sékigawa.

A 28 tchios (3 kilomètres) d'Aghéwa-moura se trouve Hassaki; nous y arrivons à 8 h. 40. Ce village, d'environ 3 000 habitants, est situé sur une plage de sable entourée de trois côtés par de hautes falaises formant amphithéâtre. Nous nous arrêtons à la première auberge, au bas de la descente; les maisons ont encore ici un air d'aisance et les rues sont très propres; l'endroit, abrité du nord et de l'est, serait magnifiquement choisi pour une station balnéaire. Nous nous retrouvons avec le médecin de marine. Il nous reste un peu plus de la moitié du chemin à faire pour arriver à Naoetseu, mais, dans le trajet parcouru depuis Kashiwazaki, nous avons eu à traverser collines sur collines, tandis que nous allons suivre maintenant le bord de la mer, n'ayant pour ainsi dire plus de pentes à gravir; nous relayons donc à Hassaki.

En sortant de cette localité, la plage sablonneuse se continue presque en ligne droite jusqu'à Kakizaki, c'est-à-dire sur une longueur de près de 7 kilomètres; cette partie de la côte, relativement peu habitée, contraste singulièrement avec celles que nous avons traversées jusqu'ici, elle paraît pauvre, misérable.

La route s'écarte peu du bord de la mer; elle passe tantôt sur la plage même, tantôt sur des dunes de sable très basses, à la limite d'une maigre végétation; mais, sur la plus grande partie du trajet, le sol est assez dur; nous ne rencontrons guère qu'un passage mauvais, dans des amas de sable fin, où nous sommes obligés de descendre de voiture; c'est à Taléga-moura, hameau composé de quelques huttes; mais toute la population de l'endroit est de corvée; on répare et nivelle le chemin, les tranchées de 3 à 4 mètres de profondeur ne découvrent absolument que du sable; on y apporte de la terre végétale et des pierres pour rendre le terrain plus résistant.

Kakizaki est un bourg assez important (3 700 habitants), mais d'une pauvre apparence; l'auberge où nous nous arrêtons, pendant une demi-heure, pour déjeuner, est plus que modeste; nous y sommes reçus avec la plus grande cordialité, notre hôte se mettant à ma disposition pour toutes sortes de renseignements sur des sujets qu'il ne connaît pas; il n'y a d'ailleurs rien d'intéressant dans cette localité.

Le médecin nous rejoint. C'est ici que nous devons nous séparer définitivement, car, tandis que je continue

ENTRÉE DE LA MONTAGNE DE MYODJI-SAN. (D'après une photographie).

par la grande route sur Naoetseu, il va prendre un
chemin de traverse conduisant directement à Takata;
il faut donc se dire adieu. Je suppose que, comme moi,
il ne s'attend guère à une nouvelle rencontre qu'un
hasard extraordinaire pourrait seul amener.

Je me remets en route à 10 heures. Nous traversons
peu après le Kouro-Kawa (rivière noire), cours d'eau peu
considérable dont l'embouchure forme, comme toutes
celles des autres fleuves ou ruisseaux du même littoral,
un estuaire de sable peu profond ayant son ouverture
tournée au nord.

La côte est de nouveau bordée de nombreux villages
et hameaux; sur la plage, les habitations de pêcheurs
se succèdent presque sans interruption, tandis que les
fermes s'étagent, au milieu des bouquets d'arbres, sur
les pentes de collines de moins en moins élevées. J'évite
avec soin de passer trop près des cahutes en paille qui
bordent la route; bientôt elles deviennent innombra-
bles et il est impossible de se soustraire à l'infection
qui s'en exhale; l'odeur d'huile de poisson et d'engrais
qui vous prend quand même à la gorge indique suffisamment à quelles industries se livrent les habitants
de cette région; la puanteur âcre des mélanges de détritus de poissons putréfiés et de matière fécale soi-
gneusement déposés près des habitations, est impossible à supporter; elle a, sans aucun doute, fait fuir le
choléra lui-même, car on ne paraît pas se douter ici
que cette maladie exerce ses ravages dans l'intérieur
du pays à quelques lieues à peine de ce littoral. Il serait
difficile au voyageur étranger de comprendre comment
des êtres humains peuvent respirer dans un pareil
milieu, s'il n'avait eu à constater, dès ses premiers pas
au Japon, que les indigènes n'ont pas d'odorat; c'est

un sens qu'ils commencent à acquérir dans les grandes
villes, avec l'introduction des parfums.

Après l'industrie de la pêche, celle du sel tient la
plus grande place; on estime à plusieurs milliers de
piculs le rendement des salines situées entre Kashiwazaki et Naoetseu; nous rencontrons en grand nombre
des chevaux chargés de ce produit dirigé sur l'intérieur; mais c'est par mer qu'il s'en transporte les plus
grandes quantités; et, ainsi qu'on a pu le remarquer
dans l'un des chapitres précédents, le sel figure parmi
les principaux articles d'importation du port de Niigata.

Après avoir traversé quelques nouveaux villages ou
hameaux, entre autres ceux de Ao-Oumi, Djioghé-hana
et Katamatchi, ce dernier d'une certaine importance,
puis Kouroï, bourg de pêcheurs, situé à l'embouchure
du Sékigawa, passant les deux branches de cette rivière
sur des ponts de construction récente, le premier ayant
environ 30 ken de long (54 mètres) et l'autre 96 (173 mètres), nous arrivons à Naoetseu vers midi.

L'hôtel où nous descendons est situé tout près du
grand pont, à l'entrée de la ville du côté du sud-est, en
face du bureau télégraphique et à 300 mètres à peine
de la gare; les constructions de ce quartier me paraissent entièrement neuves.

Naoetseu ou Nawoyé-tseu est un village de 6 000 à
7 000 habitants, ayant encore tout à faire pour mériter
le nom de ville; il est construit sur une langue de
sable qui, à la sortie des terrains bâtis, se continue,
comme une jetée naturelle, sur une longueur de plus
de 2 kilomètres avec une largeur moyenne d'environ
50 mètres. Le Sékigawa, tournant à angle droit, en face
de la ville, un peu au-dessous du pont, court en dedans
de cette presqu'île de sable et parallèlement à la côte,

remontant vers le nord avant de se jeter à la mer; son embouchure forme ainsi un havre magnifique, de plus d'une demi-lieue de long sur 200 ou 250 mètres de large; malheureusement, ici encore, il y a une barre, et les navires se trouvent forcés de mouiller en dehors, en pleine rade foraine; ils sont toutefois plus rapprochés de terre qu'à Niigata, le grand paquebot le *Koumamoto-marou* étant à peine à un mille au large.

La configuration des lieux, l'aspect du sable de la jetée, mélangé de cailloux et assez dur, par conséquent moins mouvant, me portent à croire que les travaux à exécuter pour la construction d'un port capable de recevoir les bâtiments d'un fort tonnage, seraient beaucoup plus faciles et moins dispendieux ici que dans le chef-lieu du département; c'est peut-être la raison qui a fait choisir pour tête de ligne du nouveau chemin de fer la petite ville de Naoetseu, actuellement sans animation.

Outre le *Koumamoto-marou*, nous apercevons en rade, mais à quelques cents mètres de terre seulement, le fameux *Watatseu-no-marou*, qui devait nous amener ici le 27; il est reparti, paraît-il, de Niigata le 28, peu après notre départ pour Nagaoka, mais j'apprends qu'il a été forcé de relâcher à Sado, d'où il n'est arrivé qu'aujourd'hui, dans la matinée, trop tard pour le premier train; nous n'avons donc guère perdu au change, en choisissant la route de terre quoique beaucoup plus longue que celle par mer.

Un peu plus au large sont mouillées deux goëlettes japonaises arrivant du Hokkaïdo (Yesso) avec des chargements de harengs et de morues.

La langue de sable, nue et presque déserte, sur son prolongement hors de la ville sert de débarcadère pour les cargaisons des navires et les passagers; toutefois, ces derniers n'arrivent du bord qu'au moyen d'embar-cations du pays, et pour peu que la mer soit agitée, ils ne peuvent mettre pied à terre qu'en se faisant porter à dos d'homme. En fait de marchandises, je ne remarque en ce moment que des matériaux de chemin de fer; quelques tonnes de rails et plusieurs centaines de tra-verses apportées de Yokohama par le *Koumamoto-marou*, puis des briques très dures, venant de l'île de Sado.

Une ligne de rails, suivant la rive gauche du Séki-gawa, et contournant par conséquent toute la ville sur le côté nord, relie le point de débarquement à la gare située tout à fait à l'opposé; les wagons sont poussés à bras sur cette distance qui ne dépasse guère un kilo-mètre; je constate que dans le personnel occupé aux transports on compte en moyenne dix femmes pour un homme, — les femmes sont employées aux plus rudes travaux; — aussi bien que les wagons, les charrettes et les brouettes sont traînées par des femmes, les djinri-kishias seules paraissent faire exception à la règle; on ne voit pour ainsi dire aucun homme faisant le métier de portefaix; j'aurai à faire la même remarque jusqu'aux premières villes de la province de Shinshiou.

Une autre particularité de moindre importance qui a surtout attiré mon attention dans le trajet de Niigata à Naoetseu, c'est le nombre considérable d'individus de l'espèce féline que l'on rencontre dans cette pro-vince; j'ai aperçu plus de chats que d'habitants dans plusieurs villages de la route.

Je m'étais laissé dire qu'il existe dans Etchigo des boucheries de cheval; je n'ai pu vérifier le fait et je ne le crois pas exact; d'après les renseignements que m'ont

VUE DE MYODJI-SAN. Province Djoshiu. (D'après une photographie.)

fournis les hommes qui font ici le métier de ce qua-
drupède, voici ce qui pourrait avoir donné lieu à cette
fable (1) : les habitants des montagnes, tirant parti de
tout, mangent les chevaux devenus trop vieux et ceux
qui, pour une cause quelconque, ne peuvent plus travailler, de même qu'ils sont très friands de la chair
des serpents à laquelle ils attribuent certaines qualités curatives.

La consommation des viandes de toutes sortes a
fait au Japon des progrès rapides durant ces dernières années, mais je ne crois pas que l'hippophagie
y compte beaucoup d'adeptes; dans tous les cas, elle
n'a point mes sympathies et je préfère recommander
aux habitants de ce pays de varier leur ordinaire par
l'introduction des civets de lapins de gouttières; le bon
marché étant ici en tout et pour tout à l'ordre du jour,
mon conseil sera suivi sans aucun doute (si ces lignes
tombent sous les yeux des aubergistes du ken de Niigata, ce qui est plus que problématique), et les voyageurs qui traverseront plus tard ces mêmes parages
auront la satisfaction de trouver au moins un plat à
l'européenne, ce qui, jusqu'à présent, fait complètement
défaut dans ce ken, comme dans beaucoup d'autres,
dès que l'on sort du chef-lieu.

Le choléra ne sévit pas en ce moment à Naoetseu,
mais il est fortement invité à y venir; car, si en dehors
de la ville, la plage de sable fin, mélangé de graviers
roulés aux couleurs variées, fréquemment lavée par la
mer, pendant les mauvais temps, est d'une propreté

---

(1) Selon mon opinion, cette assertion doit être considérée comme une fable
car les Japonais de l'intérieur professent pour ainsi dire un culte pour les
animaux domestiques; dans beaucoup de villages, il est impossible de tuer une
volaille, on doit se contenter des œufs.

agréable à l'œil, il n'en est pas de même en la remontant vers les habitations; sur le côté sud de la ville, le long même des maisons, des tas énormes d'immondices, répandant une odeur infecte, indiquent suffisamment qu'il n'existe encore ici aucun service de voirie, ni aucun comité d'hygiène. Ces agglomérations de détritus me semblent contenir les balayures de plusieurs mois sinon de plusieurs années, et elles sont jetées contre les murs, trop loin du rivage pour être enlevées par les vagues dans les plus forts coups de vent. La population de ce quartier se compose en majeure partie de pêcheurs; les marchands, plus nombreux, occupent le centre de la ville et le bord de la rivière.

Je fais demander un *Itinéraire du chemin de fer* à notre hôtel, on me répond qu'un très petit nombre d'exemplaires en ayant été imprimés, il n'en reste plus un seul; d'ailleurs, l'inauguration ne date que de quelques jours, et le service actuel, à deux trains par vingt-quatre heures, ne saurait être définitif. Je profite du peu de temps qu'il me reste à dépenser pour visiter les environs de la ville du seul côté où nous puissions diriger à présent notre promenade, les trois autres étant limités par la langue de sable servant de débarcadère, la rivière et la mer.

La gare, construite en planches, est située sur la rive gauche du Sékigawa, à 200 mètres en amont de la tête du pont; on ne voit aux alentours qu'un bureau de police et une construction assez vaste, la prison, dont les pensionnaires, au costume rouge-brique, sont employés à divers travaux de voirie; mais ce quartier, aujourd'hui presque désert, ne tardera pas à se couvrir de constructions de toutes sortes; on y aperçoit déjà

les fondations de quelques établissements qu'on me
dit devoir être des bureaux de compagnies de transports,
des auberges et des entrepôts. Plusieurs routes très
larges, nouvellement empierrées, se croisent aux abords
de la gare; la principale se prolonge en ligne droite
vers les collines qui abritent Gotseu, hameau situé
environ à 1 ri à l'ouest de Naoetseu, et où, d'après ce
que m'assure mon guide, il est question de créer un
port.

Il paraîtrait qu'il existait autrefois dans cette localité deux brise-lames construits par les daimiyos
de Takata et dont on pourrait utiliser les restes, mais
des travaux considérables seraient nécessaires pour
rendre ce mouillage accessible aux grands navires;
je regrette que le temps m'ait manqué pour visiter cet
endroit.

Les nouvelles avenues que nous parcourons et dont
les bords attendent à peu près partout les constructions
à venir, sont établies sur des chaussées de 3 à 4 pieds
d'élévation au-dessus du niveau des champs, qui, de chaque côté, consistent principalement en rizières; des ruisseaux d'eau limpide coulent de toutes parts; les petits
ponts en pierre et les drains sont déjà partout terminés;
c'est ici l'emplacement de la ville future pour laquelle on
a ménagé un espace bien supérieur à celui qu'occupe
la bourgade actuelle; ces nouveaux travaux indiquent
par leurs détails d'exécution que l'on a tenu compte
avec le plus grand soin d'une question complètement
négligée dans les vieux quartiers, celle de la salubrité.

On ne me signale rien d'intéressant à visiter dans
le voisinage immédiat de Naoetseu; il y a cependant
plusieurs temples entourés d'arbres séculaires, le plus
remarquable est celui de Yassaka, mais il ne me semble

pas mériter une description spéciale; les quelques maisons de campagne situées aux alentours offrent pour moi plus d'attrait.

L'heure du départ approchant, nous rallions de nouveau l'hôtel pour régler notre note et prendre notre petit bagage. En repassant près du pont, je remarque un cabestan et des chaînes ayant servi au pont de bateaux qui a été remplacé, sans doute depuis peu, par le pont en bois de seize arches qui existe aujourd'hui. Les journaliers, hommes et femmes, employés aux transports des matériaux et des marchandises, prennent un moment de repos; ils en profitent pour s'offrir, sans se soucier du choléra, une tranche de neige durcie, le rafraîchissement le plus à portée de leur bourse..

Une vingtaine de voyageurs se pressent au guichet, mais la gare est surtout envahie par les amis qui viennent les accompagner ou les curieux; le départ s'effectue ponctuellement à 3 h. 55 m. Le train comprend quatre wagons à marchandises et quatre wagons à voyageurs; la première classe n'existant pas encore sur cette ligne, nous devons prendre des places de seconde.

Les compartiments sont à l'anglaise, les deux portières se trouvant en diagonale; les banquettes, au lieu d'être en long ou en travers, sont tout autour appuyées contre les parois; ce système n'est pas très commode, surtout pour les voyageurs assis dans les angles, mais les Japonais ayant l'habitude de s'accroupir sur leurs talons, se passeraient fort bien de banquettes, c'est d'ailleurs ce qui a lieu sur presque tous les bateaux de rivière où les sièges ont paru inutiles, car on n'en rencontre plus que sur les quelques vapeurs construits au début par les Européens.

J'ai pour compagnons de route cinq ou six mar-

Montée d'Otagiri entre Sekigawa et Sekigawa. (D'après une photographie.)

chands, deux employés de la voie, ceux-ci vêtus à l'européenne, et encore la Faculté, mais elle est représentée d'une manière peu digne : un grand gaillard entre deux âges, vêtu de kimonos sordides, et que l'on prendrait plutôt pour un portefaix, liant conversation avec tout le monde, criant, gesticulant, prenant des postures de singe et ne cessant ses gestes que pour se gratter toutes les parties du corps, tel est le médecin qui parcourt le canton ; son voisin de droite est sans doute un notable de cette région. La conversation roule naturellement sur le choléra ; notre homme sait tout, il a fait des miracles ; mais si on lui témoigne un certain respect, l'on ne semble guère ajouter foi à ce qu'il dit.

A 4 h. 20 m. nous atteignons Takata ; la ville paraît grande et propre, elle était autrefois la résidence d'un puissant daimiyo ; il y a, me dit-on, dans le voisinage, des sources de pétrole assez importantes, et la principale industrie est le tissage des étoffes de coton. Je remarque qu'en majeure partie les maisons sont couvertes en pierres ; la ville est assez animée : hommes, femmes et enfants se pressent aux nombreux passages à niveau, situés aux abords de la gare. Plus de la moitié des voyageurs descendent à cette station.

Le trajet de Takata à Araï nous prend une demi-heure, cette deuxième station n'est point tout près de la ville comme la précédente ; d'ailleurs, Araï ne compte guère que 5 ou 6 000 habitants.

Jusqu'ici, le chemin est parfaitement uni, nous n'avons eu encore aucune pente tant soit peu sensible à gravir ; la voie s'avance au milieu des rizières, simplement exhaussée au-dessus de leur niveau pour éviter d'être couverte par l'eau pendant l'arrosage. Et si nous avons mis près d'une heure à parcourir la distance de 19 kilomètres qui sépare la gare de Naoetseu de celle d'Araï, c'est qu'il nous a fallu ralentir, marcher même, par mesure de précaution, le plus lentement possible, au passage des nombreux ruisseaux qui arrosent cette plaine; en effet, aucun pont n'est encore terminé; pour ne pas retarder l'inauguration qui date de dix jours à peine, on s'est contenté de jeter çà et là en travers des poutres et même simplement des troncs d'arbres sur lesquels on a provisoirement assujetti les rails. Nous apercevons en passant, déposées sur les bords de la voie, les pièces de fer et les tôles destinées aux ponts définitifs; nous voyons dans les lits des ruisseaux les ouvriers occupés aux fondations des culées et des piles, en pierres ou en briques, qui ne seront guère terminées avant un mois. Sans en tirer la moindre vanité, je suis le premier étranger qui ai voyagé sur cette ligne.

A la station d'Araï, tous les wagons vides sont détachés du train; il n'en reste que deux pour les voyageurs, l'un de seconde, l'autre de troisième, et deux pour les marchandises qui consistent en sacs de riz et de sel; nous changeons même de locomotive, car il faut une puissante machine pour gravir les pentes dont nous apercevons les premiers détours tout près d'ici. L'inclinaison me paraît atteindre plus de 3 pour 100; les courbes d'un faible rayon ne seraient pas sans danger à la descente; notre convoi, avec ses six wagons, locomotive comprise, tout court qu'il est, présente des ondulations sensibles à ses deux extrémités; par moment, la machine donne tout le travail qu'elle peut produire, et la vitesse n'est pas grande; il est 5 heures et 50 minutes quand nous arrivons sur le plateau de Sékiyama. Cette ligne étant à peu près de même lon-

HABITATION DE PAYSAN, VILLAGE INAGEMURA.

(D'après une photographie.)

gueur que celle de Yokohama à Tokio, je comptais la
parcourir en une heure; c'est encore un nouveau retard.

La station est située sur la droite, sur une voie de
garage de près de 1 kilomètre de longueur; une baraque
en planches sert de bureaux et de magasin; sept ou
huit Japonais descendent des autres compartiments; en
l'état actuel de la ligne, sans aboutissant dans les montagnes, les recettes doivent à peine suffire pour payer
le combustible.

Le village de Sékiyama est situé à un demi-ri de la
gare et nous ne pouvons obtenir de djinrikishias pour
nous y rendre, car il n'y a pas de chemin; c'est avec
grande peine que je puis me procurer un porteur pour
nos petits bagages.

Les chevaux qui viennent chercher les trente ou
quarante sacs de riz et de sel apportés par le chemin
de fer, arrivent par une fondrière creusée le long d'un
ruisseau, dont les bords sont éboulés, et dans laquelle
nous sommes forcés de patauger pendant une demi-
heure, car, de chaque côté, il n'y a que des rizières
inondées sur tout notre parcours.

Sékiyama est un village d'assez bonne apparence; la
rue principale est bordée de vastes auberges; en arrivant par le sentier de la gare, nous avons contourné des
habitations de paysans très confortables, entourées de
jolis vergers. Mais je ne puis m'arrêter ici, ce serait
compromettre mon arrivée pour la fin du mois à Yokohama; nous continuerons donc notre route en djinrikis, sur Sékigawa et jusqu'à Nodgiri, si possible; la
nuit approchant, c'est avec beaucoup de difficultés que
nous avons pu trouver des traîneurs.

La route est suffisamment large, assez mal entretenue; mais les sites sont des plus pittoresques que

j'aie encore rencontrés : c'est une suite de petits vallons, au fond desquels coulent bruyamment de limpides ruis-seaux ou torrents allant se déverser dans le Sékigawa; trois fois nous descendons par de nombreux zigzags superposés pour remonter de la même manière sur l'autre bord ; je fais la plus grande partie du trajet à pied, utilisant les raccourcis ménagés pour les piétons, gravissant çà et là les escaliers de temples perchés sur les promontoires des collines. Je comprends sans peine le double tarif demandé par nos hommes et leur hési-tation à se mettre en route ; il nous a fallu deux heures pour atteindre Sékigawa et l'obscurité ne nous permet pas d'aller plus loin.

Nous arrivons en tâtonnant à la porte de Koméya Djinshiro ; tout paraît déjà dormir dans la localité ; l'hôte nous ouvre d'un air contrarié ; ce n'est point qu'il refuse de nous recevoir, mais son auberge est pleine, bondée, non pas de voyageurs de passage, mais de gens fuyant le choléra et venus s'installer ici pour plusieurs jours ; il va parlementer avec quelques-uns de ses locataires pour nous obtenir une chambre ; au bout d'un quart d'heure d'anxiété, nous sommes admis dans la maison, où nous recevons le meilleur accueil. J'ai pu me convaincre par moi-même que tout était plein et que l'on avait dû se déranger pour nous faire place.

CHAPITRE V

Le village de Sékigawa n'est ni bien riche, ni bien considérable; mais, construit à la jonction de deux petits vallons aux gorges profondes et boisées, il occupe un site ravissant; la rivière du même nom sert ici de limite aux deux provinces d'Etchigo et de Shinano ou Shinshiou; comme la plupart des cours d'eau du Japon, elle est connue sous des appellations différentes à son embouchure et à sa source; encore désignée sur plusieurs cartes, au-dessous d'Araï jusqu'à la mer, sous le nom d'Arakawa, elle conserve sur d'autres celui de Sékigawa pour tout son parcours.

J'ai le soin de commander nos djinrikishias pour le lendemain au point du jour; les traîneurs qui nous ont amenés de Sékiyama s'offrant pour une nouvelle étape, je les accepte; j'ai d'ailleurs reconnu qu'il était préférable de ne prendre qu'un homme par voiture et de continuer avec les mêmes traîneurs, après un repos suffisant, surtout quand on rencontre des hommes d'une constitution solide et appartenant à la région que l'on parcourt.

Quoique l'hôtellerie soit encombrée de voyageurs, la nuit, à mon grand étonnement et à ma plus grande satisfaction, s'écoule calme et tranquille, et nous goûtons un repos que les bruits de la veille, à Kashiwazaki, et la fatigue de la route avaient rendu nécessaire.

Lundi, 30 *août*. — A 5 heures, je prends congé de notre hôte et, tandis que mon domestique règle nos petits comptes et charge nos bagages sur les voitures, je profite de la fraîcheur du matin pour gravir à pied, au pas de course, la colline de Nodjiri; ma caravane me rejoint au bout d'un quart d'heure. Nous sommes sur les contreforts du Mio-Ko-Zan, dont nous avons gravi les premières ondulations hier, peu après avoir quitté Araï; les hauts sommets de la montagne sainte s'élancent sur notre droite, mais le brouillard nous empêche d'en distinguer les contours.

Au lever du soleil, en descendant le versant sud de la chaîne de collines, nous apercevons, sur la droite des pentes, un plateau couvert de rizières et, devant nous, Nodjiri puis son lac; cette magnifique pièce d'eau, située à gauche du village que nous allons traverser, n'a pas moins de 3 ris de tour; elle est environnée de hauteurs boisées formant une couronne dont le centre est occupé par la jolie petite île du milieu du lac, couverte aussi de grands arbres qui nous cachent complè-tement le temple de Benten-Sama; quelques bouts de

LAC DE NODJIRI. (D'après une photographie.)

portiques (torii) peints en rouge, émergeant du bord de l'eau, dans les bouquets de verdure, dénotent seuls la sainteté du lieu. Ce lac est, me dit-on, très profond et aussi très poissonneux : on y pêche surtout une espèce de pagel noir (kouroï) et le saumon ; le trop-plein de ses eaux se déverse dans le Sékigawa.

Il est 6 heures au moment où nous sortons du village de Nodjiri ; une demi-heure après, nous atteignons Kashiwabara, le sommet de la passe la plus élevée sur notre route, après celle de l'Ousseuï-toghé que nous aurons à franchir en sortant de la province de Shinano. L'altitude du point où nous nous trouvons est d'environ 650 mètres ; après avoir gravi plusieurs nouveaux contreforts moins élevés, nous descendons à Fourouma, puis un peu plus tard à Mouré où nous arrivons quelques minutes avant 8 heures, ayant parcouru 15 kilomètres à peine depuis notre départ.

Mais ce n'est pas aux pentes seules qu'il faut attribuer la lenteur de notre marche ; le chemin, quoique partout assez large, est mauvais, détestable, pierreux, en partie défoncé, souvent même dangereux aux descentes.

Les montagnes faisant suite au Mio-Ko-Zan sont celles de Kouro-Himé, de Togakoushi et d'Idzeuna ; tous ces groupes ont leurs légendes sacrées ; leurs temples remarquables attirent chaque année la foule des pèlerins ; je me propose de venir visiter cette région en détail, à un autre moment. Nous avons laissé à gauche, derrière nous, le massif de Madarao-San et l'on aperçoit, à l'est et au sud-ouest, d'autres sommets fort élevés, dont il m'est impossible, même en interrogeant et la carte et mes chevaux, de déterminer les noms.

Nous rencontrons, depuis Sékigawa, tout le long de la route, des charrettes chargées de pierres pour les ponts du chemin de fer; ces blocs, pour la plupart non encore taillés, et, en général, de petites dimensions, viennent des environs de Zenkodji; voilà certes des matériaux dont la valeur primitive doit être quintuplée par le coût du transport, malgré le bas prix de la main-d'œuvre.

Il est assez curieux de constater que, dans un pays couvert de collines et de montagnes, comme la province d'Etchigo, on ne soit encore parvenu à trouver aucune sorte de pierre à bâtir. Je remarque encore, parmi les traîneurs de ces charrettes, beaucoup plus de femmes que d'hommes.

La ligne ferrée doit se continuer dans la vallée principale, sur notre gauche; mais nous n'avons aperçu aucune trace de travaux en cours d'exécution; entre Sékiyama et Sékigawa, nous avons rencontré, à la tombée de la nuit, une quinzaine de terrassiers revenant de leur journée; la construction ne se poursuit donc pas, en ce moment du moins, d'une manière bien active; il paraîtrait que la décision récente du gouvernement, substituant la voie du Tokaïdo au tracé du Nakasendo primitivement adopté et en partie construit, a eu pour effet de ralentir sinon de suspendre provisoirement les travaux de la ligne de Naoetseu, qui devait se raccorder, dans la province de Shinshiou, à la grande artère du premier projet.

Mouré est à mi-chemin, entre Sékigawa et Zenkodji; il convient donc d'y relayer; c'est, d'ailleurs, dans nos conventions, et nos robustes traîneurs pris la veille à Sékiyama trouvent sans peine des remplaçants solides, des paysans comme eux, sans doute, et me semblant tout joyeux d'aller faire un tour à la ville. Je les entend annoncer à tous les voisins qu'ils vont à Kodji, abréviation qui ne me surprend point, car j'ai souvent vu employer celle de Hama pour Yokohama.

Mon domestique a profité des quelques instants que nécessite le changement de voitures pour se faire servir un plat de vermicelle, la renommée de la contrée; mais, tout en le déclarant bon, il m'avoue n'y rien remarquer d'extraordinaire; on peut s'en procurer de pareil sinon de meilleur à Tokio ou à Hama; il conclut en émettant l'opinion que l'on ne conserve que les qualités inférieures dans le pays de production, tout ce qui est supérieur étant expédié dans la capitale où l'on obtient un meilleur prix; ce raisonnement me paraît juste; c'est, d'ailleurs, aujourd'hui le cas, au Japon comme en France, pour la plupart des approvisionnements de bouche.

Nous continuons donc notre route et rencontrons encore des charrettes de pierres, gravissant par des efforts surhumains de leurs traîneurs, qui abandonnent au bas de la côte quatre ou cinq véhicules pour s'atteler tous à un seul, une pente remplie de fondrières, où nos djinrikis n'osent se hasarder à descendre avec leur chargement; il est vrai de dire que celui-ci ne se soucie pas non plus de courir les risques d'une dégringolade; nous franchissons ici un dernier contrefort de l'Idzeunazan; voilà un bout de route qui, quoique beaucoup plus fréquenté que les belles voies conduisant de Niigata aux passes de Shimidzeu et de Mikouni, est à peine praticable pour les piétons et encore moins pour les voitures.

A 9 heures, nous arrivons au village de Yoshi-moura, situé à peu près à égale distance de Mouré et de Zenkodji; une demi-heure après, nous traversons le bourg d'Aramatchi, dans le voisinage duquel se trouvent les carrières de pierres; nous ne sommes plus guère qu'à

1 ri de la préfecture, aussi la route est-elle devenue meilleure, parfaitement carrossable; les habitations qui se succèdent presque sans interruption ont une apparence plus riche. Au coin de la grande rue, j'aperçois une station de police; nous voici encore sous le règne du choléra; il va falloir se soumettre à une nouvelle désinfection.

A chaque relai, je n'ai pas manqué de prévenir mes traîneurs que je détestais l'odeur de l'acide phénique et qu'en conséquence je n'admettais pas comme remplaçants ceux dont les vêtements en étaient imprégnés; la consigne a été scrupuleusement observée, sauf cas de force majeure, mais ici mon homme me paraît se moquer complètement de mes recommandations; cependant la scène qu'il provoque est tellement comique qu'au lieu de m'en fâcher, je me décide à en rire, d'autant plus que son intention, quoique contraire à mes idées, était bonne et avait surtout un bon résultat pour moi, elle m'évitait l'aspersion du liquide détesté.

Les policemen sont munis d'un genre de pulvérisateur des plus simples que l'on voit fabriquer partout au Japon en temps de choléra, et dont le prix de revient doit être insignifiant; il consiste en une boîte ronde, en ferblanc, ayant sa partie supérieure percée de petits trous; cette boîte s'emmanche sur un tube de même métal et d'environ 40 centimètres de longueur. Il suffit de souffler fortement dans le tube pour que le liquide s'échappe en poussière du dessus du couvercle comme d'une pomme d'arrosoir.

En arrivant au bureau de police, mon traîneur s'arrête net, et, se présentant de face, se fait arroser par devant, puis, au moment où le fonctionnaire se dispose à m'asperger, fait demi-tour et le supplie de le désinfecter dans le dos ; le préposé à la santé publique accomplit gravement sa mission. Il forme avec mon traîneur un groupe des plus grotesques : « Encore, encore, je vous en prie, je vous en prie (dôzo, dôzo), dans le dos, répète mon homme d'un air à la fois

GRANDE RUE DU TEMPLE A ZENKODJI.

(D'après une photographie.)

suppliant et effrayé ; tout le contenu du pulvérisateur y passe, et, pendant qu'on le remplit de nouveau, mon djinriki repart à toute vitesse, laissant le policemen tout ahuri, son instrument à la main, au milieu de la route.

Nous entrons dans Zenkodji à 10 h. 1/2. Cette ville s'appelait autrefois Nagano ; elle n'a pris le nom de son temple que depuis la nouvelle division administrative ; ce changement permet de ne pas confondre le chef-lieu de préfecture avec le ken ou département qui a conservé l'ancien nom de la ville. Bâtie sur le penchant d'une colline, elle est d'une propreté remarquable et présente un aspect des plus florissants. Nous descendons à l'hôtel Foudji-ya, situé dans la grande rue qui conduit au temple et sur laquelle se trouvent le télégraphe, la poste et la station centrale de police; la préfecture, les tribunaux et les prisons occupent un vaste emplacement à l'ouest de la ville.

Dès notre arrivée, on vient nous proposer de retenir nos places dans l'omnibus qui doit partir à midi pour Ouéda; c'est le dernier service de la journée, et on m'assure qu'à aucun prix je ne pourrai louer aujourd'hui une voiture pour mon usage personnel; je réponds que je préfère me reposer d'abord un moment, puis visiter rapidement la ville; je tiens surtout à laisser passer la chaleur qui est accablante, et si, vers 2 ou 3 heures de l'après-midi, les bureaux de voitures n'ont rien à m'offrir, je me déciderais pour les djin-rikis qui sont venus aussi en grand nombre se proposer; pour l'instant, occupons-nous du déjeuner.

Les eaux des rivières et des torrents des environs abondent en poissons délicieux : truites, saumons, carpes, etc.; mais le choléra n'ayant pas encore complètement disparu de la ville, ces victuailles continuent d'y être prohibées; l'hôte, en nous fournissant ce renseignement, ajoute, pour nous consoler, qu'il existe ici des boucheries; je commande un bifteck copieux, on m'apporte 2 ou 3 livres de viande crue, hachée menue, ce n'est qu'en m'y reprenant à trois fois que je parviens à faire comprendre que le bœuf peut se couper en tranches; on trouve cela fort extraordinaire; l'habitude locale est, paraît-il, de le débiter en hachis;

est-ce une coutume importée par les Allemands ou bien les Japonais se méfient-ils de la qualité de la viande? Le morceau qui m'a été servi, quoique coupé au bon endroit, encore saignant et de belle apparence, était capable de résister à la dent la plus affamée.

Toute la ville semble nouvellement rebâtie; c'est qu'en effet elle a été détruite en majeure partie, et non pour la première fois, par un violent incendie, il y a à peine deux ans. Le genre des constructions est ici bien différent de celui observé à Niigata; les habitants me paraissent avoir profité des leçons du passé et pris quelques précautions contre le terrible fléau qui réduit en cendres, chaque année, des villes entières dans ce beau pays du Japon; ils commencent à employer aujourd'hui des matériaux moins inflammables. On trouve évidemment, dans cette province, de la pierre à bâtir et aussi de la chaux en abondance, mais ce qui attire surtout mon attention, c'est une sorte de ciment naturel dont sont revêtus les murs des maisons les plus modestes aussi bien que ceux des plus riches. On s'en sert tout autant pour les murailles extérieures que pour les simples cloisons, qui, le plus souvent, dans les autres provinces, ne se composent que de planches et de papier. Au premier abord j'ai supposé qu'à la suite du dernier incendie quelque entrepreneur hardi avait fait une spéculation en barils de ciment de Portland ou que le gouvernement en avait prescrit l'usage; car la teinte grise des murailles, la dureté de leur revêtement que je ne pouvais rayer avec l'ongle, l'uniformité du grain et sa finesse, tout, en un mot, me portait à croire que j'avais réellement sous les yeux ce produit d'importation étrangère qui figure aujourd'hui pour des quantités considérables dans les relevés des douanes japonaises; ce n'est que sur les assurances réitérées de l'hôtelier que je me suis décidé à admettre l'origine indigène de cette composition. On obtient cet enduit, paraît-il, en mélangeant certaines qualités de sable et de terre; si le mélange est opéré dans des proportions déterminées et avec soin, il durcit rapidement et résiste à l'action du feu et même à celle de l'eau; il serait désirable que l'usage s'en répandît dans tout le Japon, car, dans la province d'Etchigo, par exemple, pour ne pas en citer beaucoup d'autres, où toutes les constructions ont leurs murailles faites de planches minces, le feu ne peut que trouver un aliment facile, et j'ai déjà signalé les ruines qu'il y occasionne.

Ce genre de revêtement se rencontre jusqu'à l'entrée du ken de Goumma, mais à mesure que l'on s'éloigne de Zenkodji, les matières qui entrent dans sa composition étant sans doute différentes ou de qualité inférieure, sa dureté diminue; les couches en prennent souvent une teinte jaunâtre au lieu de rester au gris, et si l'on en remarque encore quelques-unes ayant conservé cette dernière couleur, elles ne forment plus un ciment dur et résistant, mais paraissent simplement composées de terre ou de boue comme celles appliquées sur les murs en torchis des cases japonaises aux environs de Yokohama; et il est impossible, dès la première observation, de confondre les deux sortes d'enduits.

Par suite de l'incident du bifteck à l'allemande, il est près d'une heure quand j'ai fini de déjeuner; il n'y a plus guère de temps à perdre si je veux aller coucher ce soir à Ouéda, car la distance à parcourir est d'environ 40 kilomètres. Je ne puis cependant me dispenser d'une courte visite au temple qui a donné

son nom à la ville; le parcourant à la hâte, je n'ai pris
aucune note qui puisse me permettre d'en donner une
description tant soit peu détaillée, me réservant, d'ail-

Temple bouddhiste de Zenkodji. Province de Djoshiou.
(D'après une photographie.)

leurs, ainsi que je [l'ai dit précédemment, de venir
plus tard passer quelques jours dans cette région sacrée.

Remontant la grande rue dans la direction du bureau
du télégraphe, on passe sous le Niô-mon, la porte

de la première cour du temple; on se trouve, en somme, sur la continuation de la voie publique; la chaussée est dallée. De chaque côté s'ouvrent des tchiayas, des boutiques étalant toutes sortes d'objets de piété; on y voit aussi des marchands de gâteaux et de conserves japonaises, et, en général, de tous les petits produits renommés de la localité.

Derrière ces rangées de magasins et de boutiques s'élèvent les demeures des bonzes et des bonzesses, car il y a ici un couvent de femmes; et même le grand prêtre n'est pas toujours d'accord, dit-on, avec la mère abbesse, la possession des saintes Reliques est un sujet de discordes. A gauche, on aperçoit les unes à côté des autres, six statues de Djizo, toutes en bronze; à droite, une seule très grande, c'est un Daiboutseu; en somme, tous des Bouddhas. Gravissant quelques marches, nous passons sous le grand portique qui n'a pas moins de 20 mètres de hauteur. Nous voici tout à fait dans la cour du temple; plus de deux cent-cinquante lanternes en pierre ou en bronze entourent le grand sanctuaire, dont la construction remonte à deux siècles. C'est un bâtiment à étage, ayant environ 60 mètres de long sur 30 de large; je n'y remarque rien de particulier : toiture massive à trois pignons, genre d'architecture commun à beaucoup d'édifices de la même religion.

A droite, est la cloche; à gauche, la bibliothèque, contenant les livres bouddhiques, se compose, selon l'usage, d'une lourde armoire hexagonale, aux panneaux dorés et sculptés, tournant sur un pivot qui la traverse perpendiculairement en son milieu.

Le temple de Zenkodji appartient à la secte de Ten-Daï; il est dédié à Amida et à ses deux disciples,

TEMPLE DE ZENKODJI. (D'après une photographie.)

Kwannoa et Daï-sei-shi-Bosatseu; il renferme un groupe
de leurs trois images coulées en or pur, et que l'on dit
être l'œuvre de Bouddha lui-même; ces fameuses statuettes sont enfermées dans plusieurs boîtes successives, recouvertes de soie, et le public n'est admis à

CLOCHE ET PORTE D'ENTRÉE DU TEMPLE DE ZENKODJI.
(D'après une photographie.)

contempler leur enveloppe extérieure qu'aux jours des
plus grandes fêtes de l'année.

Un jeune bonze, à figure intelligente, vient se mettre
à ma disposition pour nous faire visiter les annexes
et dépendances du temple. Nous parcourons d'abord le
pavillon réservé au Mikado. Sa Majesté a daigné séjourner ici pendant deux jours l'année dernière; ces
salles spacieuses, mais sans meubles, sont loin d'avoir
le luxe d'un palais.

Dans les vastes constructions du voisinage, huit cents pèlerins peuvent trouver place; le site, comme on peut le supposer, est bien choisi; chaque corps de bâtiment est entouré de jardins; au nord et à l'ouest se dressent les collines couvertes d'épais fourrés et d'arbres gigantesques. Nous visitons ensuite des galeries remplies d'ex-voto très riches, dont plusieurs remontent à une haute antiquité : statuettes, boîtes, objets en laque ou en métaux divers, la plupart dus à la dévotion des nobles de l'ancien régime. Retournant dans le temple, j'aperçois, appliquées sur la muraille, près de l'une des portes de droite, des offrandes beaucoup plus récentes et moins précieuses : des bâtons de voyage de pèlerins et deux paires de lunettes; ici, des paralytiques ont retrouvé l'usage de leurs jambes et la vue a été rendue à des aveugles. Je ne puis m'empêcher de songer au pèlerinage de Lourdes : la superstition est la même dans tous les pays.

On n'a pas encore établi ici des tarifs d'entrée pour les visiteurs, comme cela s'est fait depuis longtemps à Nikko et à Hassémoura (1); il nous est impossible de faire accepter la moindre rémunération à notre jeune guide; nous sommes libres de jeter notre obole dans le tronc aux offrandes. Évidemment, ils sont encore rares les étrangers qui viennent jusqu'à Nagano.

Le temple de Zenkodji, avec toutes ses dépendances, occupe dans le bas de la colline seulement (car on aperçoit d'autres chapelles sur les pentes), une superficie d'environ 1 kilomètre carré, c'est-à-dire autant que la ville proprement dite tout entière. Sur la droite,

(1) Hassémoura, village aux environs de Kamakoura où se trouvent la grande statue en bronze du Daiboutseu, et celle en bois de Kwannon, enfermée dans le temple du même nom, plus haute, mais moins connue que la première.

une partie de cet emplacement paraît transformée en
jardin public.

Le chef-lieu du département de Nagano possède un
hôpital et plusieurs écoles; le collège principal est con-
tigu au grand temple, dans une belle situation, entouré
de vastes jardins. Dans l'intérieur même de la ville
il y a deux temples assez importants, mais bien moins
vastes que le premier; ce sont ceux de Saïhodji et
de Riou-djion-in.

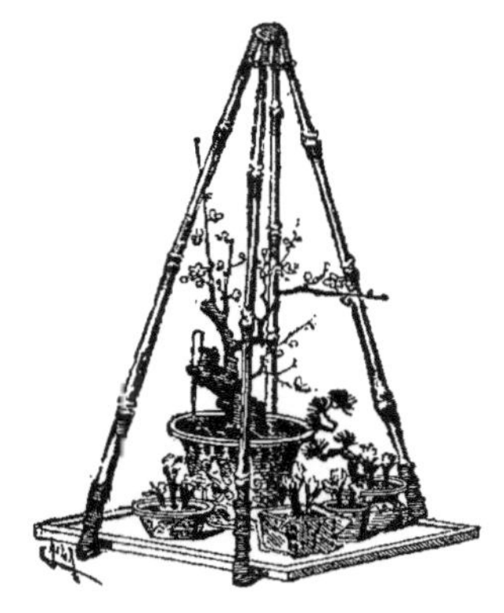

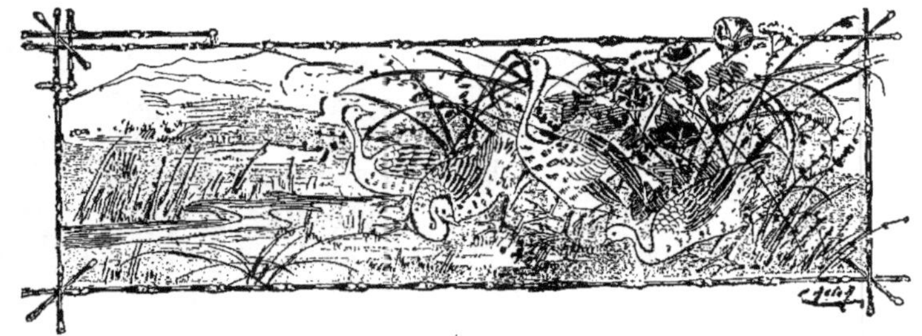

CHAPITRE VI

De Zenkodji à Ouéda. — Tambadjima. — Mitseumata. — Shinonoï. — Les ponts de bateaux. — La ville d'Ouéda. — Puces et moustiques. — Une glissade. — Statistique du ken de Nagano.

Nous quittons Zenkodji à 2 heures précises, en djinrikishias à un homme. La route est belle, bien entretenue; peu après notre départ, nous traversons le Saïgawa, principal affluent de gauche du Tchikouma-gawa (Shinano) sur un pont en planches, en très mauvais état, et qui n'a pas moins de 300 ken de long (540 mètres).

Le lit pierreux de la rivière est en grande partie à sec, mais le courant est rapide dans les diverses branches que l'eau remplit encore; sur la rive droite, de fortes escouades de forçats sont occupées à la construction d'une digue très élevée, qui se continue sur une assez grande longueur. Serait-ce l'endroit choisi pour le futur pont de la nouvelle voie ferrée?

Nous franchissons tout près de là un ancien bras de rivière que l'on est en train de barrer et de combler.

Nous voici à Tambadjima, village important; j'y remarque des bureaux de voitures; les djinrikishias y sont aussi nombreux.

Cette partie du pays, com-

Vue de Kawa-naka-djina.
(D'après une photographie.)

prise entre les deux grands cours d'eau du Saïgawa et du Tchikouma-gawa, est très fertile et beaucoup plus peuplée que la région des montagnes; plusieurs canaux allant d'une rivière à l'autre assurent son arrosage en toutes saisons.

PONT DE BATEAUX. Province de Djoshiou. (D'après une photographie.)

Les hameaux se succèdent à courte distance; nous entrons dans la riche plaine de Kawa-naka-djima (île entre les rivières), célèbre dans l'histoire du Japon par la bataille qui s'y livra, vers l'an 1620, entre Ouyéseughi Kenshin, seigneur de la province d'Etchigo, et son rival Takéda-Shinghen, de celle de Koshiou; on aperçoit, sur la gauche, à l'horizon, les hauteurs de l'ancien château de Kaïdzeu. Dans toutes les tchiayas de la route, on vend encore le plan de cette bataille, mais je n'y ai point trouvé la légende, probablement tombée dans le domaine de l'art dramatique et trop connue pour être publiée séparément sous sa forme historique.

A 3 heures précises, nous arrivons à Mitseumata; c'est un bourg considérable; il s'y produit un assez grand mouvement de charrettes, de voitures et de djinrikis-hias; il y a des écoles et un bureau de poste appartenant au genre d'architecture mixte que j'ai déjà signalé à Niigata; mais la construction la plus remarquable, quoique de proportions très restreintes, est la station de police; de plusieurs kilomètres à la ronde, on aper-çoit la tour qui la surmonte; elle a absolument la forme d'un minaret, les dorures et les vitraux scintillent au soleil.

Nous traversons successivement les villages de Kita-hara, Minami-hara, Fousé-Takata, Kahéigawa, Om-ben-gawa et entrons à Shinonoï, un peu avant 4 heures; nous sommes ici à la bifurcation de deux grandes routes; celle qui se continue tout droit devant nous conduit à Matseumoto et rejoint le Nakasendo à Séba, à l'ouest de la passe de Shiwodjiri; nous tournons à gauche pour nous diriger sur Ouéda; nous irons re-joindre aussi la même grande artère à Oïwaké.

En sortant de Shinonoï, nous traversons le Tchi-kouma-gawa, que nous remonterons ensuite sur sa rive droite jusqu'au-delà de Komoro.

Je ne puis différer plus longtemps de donner une description sommaire des ponts de bateaux en usage sur tous les cours d'eau tant soit peu importants dans l'intérieur du Japon : une forte chaîne en fer, en tout semblable à celles des ancres d'un navire, est allongée en travers de la rivière ; elle est tendue à l'aide de véritables cabestans fixés en terre, au moyen d'un assemblage de poutres, sur chaque bord ; les bateaux sont amarrés sur cette chaîne, laissant entre eux un intervalle régulier d'environ 5 ou 6 pieds (1^m.50 à 1^m.80), par l'extrémité qu'ils présentent au courant (je n'ose pas dire l'avant, car le genre de construction de ces barques ne permet pas de le distinguer de leur arrière) ; des poutres ou simplement des troncs d'arbres non équarris, jetés de l'une à l'autre, maintiennent ces arches flottantes parallèles entre elles et dans la direction du courant, et servent à leur tour de supports soit à des planches, soit à des fascines jetées en travers, qui constituent le tablier dont la largeur, le plus souvent réduite à 1 ken (1^m.80), ne donne passage qu'à une seule voiture. Ce système offre l'avantage de permettre de raccourcir ou d'allonger le pont en supprimant ou en ajoutant quelques bateaux, selon que les eaux sont basses ou hautes ; mais il présente un petit inconvénient ; les chaînes ne pouvant être tendues avec une rigidité mathématique, il s'ensuit que ces ponts décrivent, en général, une courbure plus ou moins prononcée et souvent irrégulière, qui augmente avec leurs proportions ; aussi, les matériaux composant le tablier ne sont-ils point cloués ou fixés à demeure ; planches ou fascines sont simplement attachées sur les traverses avec des cordes en paille; quand ces dernières sont usées, pourries ou rompues, le dessus de ces passerelles primitives ne tient plus que par habitude et il convient de ne s'y aventurer qu'avec la plus grande prudence.

En voyageant dans les voitures du pays, il n'est pas rare, en passant sur un pont, de voir tout à coup l'un des chevaux basculer sur le côté ou disparaître entre les planches ou les fagots pour tomber dans la rivière; fort heureusement, les traits, presque toujours en corde, n'étant pas de première solidité, cassent et le véhicule ne suit pas le même chemin que l'animal; on en est quitte pour un moment d'arrêt; le cocher, aidé du betto et au besoin des voyageurs, repêche son cheval, dans le courant ou au milieu des cailloux, ce qui est un peu plus dangereux pour bêtes et gens.

Yashiro, où nous arrivons deux heures après notre départ de Zenkodji, n'est qu'à 3 kilomètres de Shinonoï; nous changeons ici de traîneurs.

A gauche du village, un chemin assez large se dirige sur Matseu-shiro et va rejoindre la route qui, longeant le fleuve, conduit à Nagaoka et à Niigata. Nous apercevons sur notre droite la montagne d'Obaseuté-yama; les pentes sont douces, les villages se succèdent, toujours très rapprochés; on ne voit partout que rizières, champs de blé et surtout plantations de mûriers s'étageant parfois jusqu'aux sommets des collines, tandis que les montagnes en second plan sont couvertes d'épaisses forêts. La vallée va tantôt en se rétrécissant, tantôt en s'élargissant, pour former une plaine richement cultivée.

Nous traversons Ariaka-yama et plusieurs autres villages dont le plus important est Shimo-Tokoura; mon coureur va bon train, mais celui de mon domestique

16

est complètement fourbu. J'attends ici près d'un quart
d'heure avant qu'il puisse me rattraper; je veux le remplacer, mais il insiste pour continuer jusqu'à Sakaki;
nous atteignons cette dernière localité à 5 h. 45 m.; il
nous reste 3 ris à faire d'ici à Ouéda.

Vue de Obaseuté-yama. (Province de Djoshiou.)
(D'après une photographie.)

Cette journée a été l'une des plus chaudes de la
saison; c'est avec plaisir que nous commençons à sentir
un peu de fraîcheur. Le soleil a disparu derrière les
montagnes; nous contournons une rangée de collines
en partie déboisées et taillées à pic en certains endroits;
la rivière devient ici un véritable torrent; à chaque
détour, il nous semble que nous allons la franchir
pour passer au milieu de la vallée qui s'élargit sur

l'autre bord, mais nous continuons à la remonter sur la même rive.

Voici, à droite, le mont Bodjio-san, lieu de pèlerinage très fréquenté; plus loin, mon traîneur me montre des gorges où la rivière s'est frayé un passage, déchirures marquées de nouveaux éboulements, dus peut-être tout autant à l'action des eaux qu'à celle des convulsions terrestres; il existe sans doute ici quelque vieille légende remplie de superstitions.

Tous les principaux villages de la route, à partir de Yashiro, sont bâtis en bordure sur une large avenue; au milieu, coule un fort ruisseau d'eau claire et limpide dont les bords sont plantés d'arbres; de chaque côté l'espace est assez large pour livrer passage aux voitures. Tout respire l'aisance; ce ne sont que grands godowns pour l'emmagasinage des récoltes, vastes fermes pour l'élevage des vers à soie, auberges nombreuses et propres, mais peu achalandées en ce moment, car l'épidémie de choléra, qui règne dans plusieurs provinces, arrête en partie les transactions commerciales, et a, sans doute, aussi empêché les pèlerins ou touristes indigènes, ordinairement si nombreux à cette époque de l'année, de se mettre en route par bandes selon leur habitude; depuis Naoetseu, dans toute la zone religieuse, nous n'avons rencontré que quelques rares dévots voyageant isolément (1).

A 7 heures nous arrivons aux premières maisons d'Ouéda; cette ancienne ville féodale, bâtie sur un plateau en terrasse dominant la vallée, est, selon toute apparence, le centre commercial du ken de Nagano. Sa population a été estimée, par certains voyageurs, à

____

(1) En temps d'épidémie, le gouvernement change quelquefois l'époque des pèlerinages ou même les interdit complètement.

40 ou 50 000 âmes; le *Guide-Book* de MM. Satow et Hawes ne lui en donne que 6 000 et les statistiques officielles n'accusent qu'environ 11 000 habitants; je ne m'explique point ces divergences, mais, à mon avis, tous ces chiffres sont erronés. Hishiya Seïbé, notre hôte, évalue à 5 300 le nombre des maisons; à 5 habitants par feu, moyenne généralement adoptée pour le Japon, ce chiffre donnerait 26 500 habitants, évaluation qui me paraît beaucoup plus exacte que les trois autres citées plus haut et qui concorde avec l'appréciation que j'avais émise de prime abord en traversant la ville d'un bout à l'autre. Il est vrai de dire aussi que dans ce centre commercial et riche chaque construction ne doit pas être comptée comme une habitation; les boutiques, les ateliers et surtout les magasins, occupant beaucoup plus d'espace que les maisons, mais, en supposant que la base moyenne, prise pour le calcul de la population, ne soit pas ici d'une grande exactitude, il ne me paraîtrait pas non plus raisonnable de réduire cette évaluation de moitié.

Ouéda n'est point bâtie comme la plupart des villes et villages du Japon, toute en longueur, sur une rue principale, elle s'étend du sud au nord autant que de l'est à l'ouest, et on ne peut la traverser dans l'une ou l'autre de ces directions qu'en suivant au moins trois rues successives se coupant à angle droit, aucune artère ne la divise sur toute sa longueur, dans aucun sens; ce cas est à noter comme une rare exception. J'estime à 1 ri et demi (6 kilomètres) la distance que nous avons dû parcourir de l'entrée à la sortie.

L'ancien *shiro* ou château féodal est situé à l'ouest de la ville; il est entouré d'une double enceinte, de larges fossés et de belles pièces d'eau; les grands bâti-

Château de Ouéda. (D'après une photographie.)

ments qui, jusqu'à ces dernières années, servaient encore de casernes, ont été transformés en prisons; le siège de la garnison de la province de Shinshiou a été transféré à Matseumoto. Les édifices publics sont : le tribunal, l'école primaire, les bureaux de la poste, du télégraphe, de la police, et ceux de l'administration du district tenant lieu de sous-préfecture.

Dès notre arrivée, on s'est empressé de nous offrir plusieurs de ces magnifiques carpes, actuellement proscrites de Zenkodji où nous avons dû nous contenter de leur éloge.

Ici, comme au chef-lieu, il y a des boucheries; de plus, on trouve dans les boutiques toute sorte de provisions européennes; à partir de Sékigawa, la neige durcie, si en vogue dans la province d'Etchigo, a fait place à des blocs d'une glace si limpide qu'on la croirait artificielle; on la coupe l'hiver dans les lacs des hautes montagnes où il s'en forme des couches très épaisses, elle est conservée dans des grottes ou des puits qui forment des glacières naturelles.

Notre hôte a cru nous faire honneur en nous reléguant au deuxième étage (1) d'un petit pavillon situé sur le derrière des divers corps de construction qui composent son établissement, et, nous dit-il, spécialement affecté à l'usage des voyageurs européens qui passent ici; il ne s'écoule pas d'année sans que quelques marchands de soie de Yokohama ne viennent faire un tour dans cette province; toutefois, ces visiteurs ne doivent pas être bien nombreux encore, car il n'y a dans l'hôtel ni table, ni chaises, ni aucun ustensile de cuisine à notre usage, objets que l'on trouve d'ha-

---

(1) Peu de maisons au Japon ont plus d'un étage.

bitude dans toute hôtellerie japonaise recevant de temps
à autre quelques étrangers.

Malgré le calme de l'atmosphère, nous trouvons une
certaine fraîcheur dans notre petit appartement qui
domine les toitures environnantes; mais, comme il n'a
pas été occupé depuis longtemps, les puces en ont pris
possession avant nous; ces insectes constituent le fléau
le plus terrible pour le voyageur dans ce pays; l'hiver,
ils se réfugient dans les épaisses couches de paille des
tatamis d'où ils sortent affamés et par milliers aux premières chaleurs.

Je renouvelle aussi connaissance avec les moustiques que j'avais presque oubliés depuis mon départ
de Yokohama; leur visite n'a rien d'étonnant, car
il y a ici partout de l'eau en abondance; en somme,
nous commençons à ressentir les désagréments du
retour.

Dans l'intérêt des voyageurs, je crois devoir signaler
ici un petit accident qui n'a pas eu de suites graves.
mais contre lequel il est bon de se tenir en garde dans
une hôtellerie japonaise.

Ces caravansérails qui atteignent souvent des proportions très vastes dans les villes commerçantes ou
dans celles qui sont situées sur le passage des pèlerins,
se composent, en général, de plusieurs corps de bâtiments faisant suite les uns aux autres et communiquant
entre eux par de petits ponts volants. Souvent toutes
les ailes d'un même logis ne sont pas au même niveau,
et ces passerelles sans garde-corps présentent alors une
inclinaison assez forte. Les servantes sont constamment
occupées à frotter les planchers et les passages, qui
deviennent à la longue très luisants mais, en même
temps, très glissants; si, descendant de l'étage supérieur,

on est pressé de passer d'un bâtiment à l'autre, gare aux glissades; dans plusieurs auberges de la route, je me suis retenu juste à temps; mais, ici, je tombe du pont et m'allonge dans la boue du passage, au risque de me fendre la tête contre les montants des vérandas; j'en suis quitte pour quelques contusions et pour une couche de terre qui couvre tout un côté de mon vêtement, le dernier qui me reste. Cet incident, futile en apparence, est un avis qu'il ne faut pas négliger; je connais plusieurs cas analogues où des Européens se sont blessés assez grièvement.

Le ken de Nagano est formé de toute l'ancienne province de Shinshiou ou Shinano, l'une des plus riches de l'empire; mais, ici, ce n'est point comme dans le département de Niigata, le riz qui constitue la fortune des habitants, car la plus grande partie de la contrée, trop montagneuse, reste encore en friche, et les rizières couvrent à peine les deux cinquièmes de l'étendue des terres cultivées : c'est dans les forêts, c'est surtout dans l'industrie de la soie que se trouve la richesse du pays.

Voici, d'ailleurs, quelques statistiques officielles; les chiffres donnés ci-après se rapportent à l'année 1883; il ne m'a pas été possible d'en obtenir de plus récents.

La population totale du département était, à la date du 31 décembre, de 1 044 360 habitants; dans ce nombre, les principales villes se trouvaient représentées par les chiffres suivants :

Zenkodji.	15 113
Matseumoto.	16 924
Ouéda.	10 845

Il est probable que, depuis ce recensement, la population s'est accrue de 5 ou 6 pour 100 et est, en proportion, beaucoup plus forte dans les villes que dans les campagnes.

La superficie totale des champs en culture était alors de 153 386 tchios, dont 65 896 en rizières; les bois et forêts ne couvraient pas moins de 613,076 tchios.

J'ai tout lieu de croire que beaucoup de collines, plantées de mûriers, sont encore considérées comme friches.

Voici, pour la même année, le rendement des principaux produits de la sériciculture :

Cocons.	264 127 kokous.
Cartons de graines de vers à soie. . . .	333 041 feuilles.
Soie.	103 525 kwammès.
Mawata (bourre de soie).	6 614 —

La récolte de soie augmente rapidement chaque année.

L'industrie comptait 778 filatures ou fabriques; leur nombre s'accroît aussi chaque jour en raison même de l'accroissement de production de la matière première, et elles subissent, en général, des transformations à l'européenne. Sur 162 compagnies commerciales ou industrielles, 36 s'occupaient *exclusivement* de la soie.

Ce département est aussi l'un des plus favorisés sous le rapport de la facilité des transactions commerciales; car, ainsi qu'on peut le voir par les chiffres que je vais citer, les établissements de crédit n'y manquent pas : on comptait 31 banques privées et 107 compagnies ou maisons de commerce se livrant à des opérations financières, en plus des 4 banques nationales, dénommées ci-après, établies dans les principaux centres commerciaux ou industriels :

La quatorzième banque nationale ayant son siège à Matseumoto;

La dix-neuvième, à Ouéda;

La soixante-troisième, à Matseushiro;

Et la cent-dix-septième, à Iida.

Ce ken, dont la superficie totale est évaluée à 853 ris carrés (plus de 13 000 kilomètres carrés) se subdivise en 16 arrondissements administratifs.

L'instruction est donnée dans 844 écoles publiques et 2 écoles privées; le service télégraphique y compte 8 bureaux ouverts au public et celui de la poste, 191.

CHAPITRE VII

Le mardi 31 août, à 4 heures du matin, la voiture
vient nous prendre à la porte de l'hôtel; nous avons
encore près de 60 kilomètres à faire pour atteindre Yokogawa, la dernière station du chemin de fer.

Hier, dans la soirée, quand j'ai fait retenir nos
places, on m'a annoncé que le départ étant fixé à
5 heures, il était fort douteux que nous puissions arriver à temps pour le dernier des trains en correspondance avec ceux de la ligne de Tokio à Yokohama. En
conséquence, j'ai demandé de partir à 3 heures, comptant que cela signifierait 4, ce que j'ai obtenu en payant
un supplément équivalant au prix d'une place.

Notre conducteur n'a pas manqué, bien que j'aie

payé trois places pour deux personnes, de remplir complètement sa voiture avant la sortie de la ville; il a
placé des voyageurs près de lui, sur son siége, et même
sur le marchepied de l'arrière, lequel, d'habitude, sert
au betto pour se reposer; aussi le trot de nos deux pauvres haridelles ne se soutient-il que grâce à une distri-
bution incessante de coups de fouet.

Quoique n'ayant pas eu, à proprement parler, d'extor-
sion à subir dans mon voyage de retour, je dois dire,
cependant, que les dépenses commencent à se ressentir
de l'approche des villes où se trouve une population
étrangère : Tokio et Yokohama; le tarif du dernier
hôtel, sans être trop exagéré, dépasse de beaucoup celui
des établissements de même ordre où j'ai fait halte
pendant les deux journées précédentes. Le voiturier,
tout en mettant à profit la situation, a été bien plus
raisonnable que celui de Mayebashi; il existe d'ailleurs
ici un contrôle que je n'ai pas trouvé là-bas, les
bureaux, à l'imitation des chemins de fer, délivrent
des tickets, ainsi que des itinéraires mentionnant les
prix des places.

En résumé, l'exploitation de la bourse d'un étranger
n'est soumise à aucune règle déterminée; elle varie
selon les gens et les lieux; je crois, cependant, pouvoir diviser le pays en trois zones bien distinctes,
sous ce rapport.

D'abord celle des ports ouverts et des localités
fréquemment visitées par les Européens; nous y payons
tout beaucoup plus cher que les indigènes, mais la
concurrence s'établissant entre ces derniers, les prix
ne se maintiennent pas à des taux trop exorbitants;

Ensuite, une zone mixte, ou pour mieux dire intermédiaire, où les Européens passent quelquefois mais

OYASHIRADZU. (D'après une photographie.)

assez rarement; dans celle-ci, les tarifs, les exigences
varient selon l'humeur et le caractère des individus,
mais généralement aussi le voyageur étranger doit
s'attendre à payer en raison inverse de sa connaissance de la langue et des usages du pays;

Enfin la zone extrême, la plus éloignée des ports
ouverts, — (et j'entends ici par ports ouverts, ceux qui

ENTRÉE DU TEMPLE DE HAROUNA. (D'après une photographie.)

comptent une population étrangère tant soit peu importante; il ne saurait donc être question de Niigata), —
celle où l'on ne rencontre d'habitude que des indigènes, en un mot, le vieux Japon; ici, tous les voyageurs sont égaux, servis avec le même empressement et
souvent encore avec cette politesse cérémonieuse de
l'ancien régime, traités sur le même pied par rapport
à leurs dépenses, sans distinction de race ou de
nationalité.

La route est en pente douce, presqu'en plaine, pen-

dant les 3 premiers ri; nous traversons un peu avant
le jour le village d'Oya, puis celui d'Ounno, à l'entrée
duquel s'élève un grand temple, au milieu de magnifiques keyakis (les cèdres du Japon); les villages et les
hameaux ne discontinuent pas. A partir du bourg,
assez important, de Tanaka, elle monte constamment,
mais, sauf en deux ou trois passages de peu de longueur, la pente ne devient pas encore bien rapide; le
chemin est pierreux, mal entretenu; quoique on aper-
çoive çà et là les vestiges de travaux, relativement
importants, exécutés durant ces dernières années : nouveaux ponts, courbes et tranchées pour diminuer les
rampes.

Mais, au Japon, l'entretien des voies publiques se
fait d'une manière tout à fait spéciale : on étend du
gravier sur une longueur de plusieurs kilomètres,
puis on laisse faire, pendant des années, la pluie et le
beau temps; si toutefois un grand personnage, ou Sa
Majesté l'Empereur doit passer par là, on s'empressera
de rassembler, à la hâte, toute la population de la
contrée pour remettre en bon état le chemin défoncé.

Les Japonais savent parfaitement tracer et construire
les routes, mais il n'existe apparemment chez eux
aucune organisation régulière, pour un bon entretien,
comme celle des ponts et chaussées chez nous. Il est
malheureusement à craindre qu'ils restent bien longtemps encore à s'apercevoir que ce système d'opérer
ne saurait être économique. En effet, dans ce pays des
surprises, la charrue passe souvent avant les bœufs.
Actuellement, tout est aux chemins de fer; déjà, dans
les quelques départements desservis par la locomotive,
spécialement dans ceux de Goumma et de Totchighi,
telle route qui était à peu près carrossable il y a deux

MINASEGAWA, PETITE RIVIÈRE DE DJOSHIOU. (D'après une photographie.)

ou trois ans, est devenue tout à fait impratiquable
aujourd'hui.

Il est 8 heures quand nous arrivons à Komoro; nous
n'avons parcouru que 22 kilomètres depuis ce matin;
mais il convient de tenir compte des nombreuses haltes
qui nous ont pris certainement une heure, sinon plus.

Le voyage en djinrikishias offre l'avantage de ne
s'arrêter qu'à peu près aux endroits où l'on veut; il
n'en est pas de même en voiture publique. A chaque
village, on stationne pendant quelques minutes, devant une tchiaya; les servantes, après les salutations
d'usage, apportent, sur un plateau, la théière entourée
de petites tasses; en été, la liqueur traditionnelle est
souvent remplacée par une infusion de fleurs de ceri-
siers; ensuite arrive le brasier pour allumer les pipes;
le cocher et le betto causent avec les filles, qui, au
moment du départ, se rangent en ligne pour vous
souhaiter, en chœur, bon voyage; dans les longs trajets, quelles que soient la grâce et la gentillesse des
jeunes *mouseumés*, cela finit par devenir fastidieux
et monotone.

Mon voisin, un marchand de Tokio, voyageant avec
son fils de dix-huit ans, dont l'allure contraste singulièrement avec celle de son père, — (ils me semblent former à eux deux les personnifications du
vieux et du jeune Japon,) — me dit : « Je suis fatigué
de ces haltes qui avaient leur raison d'être autrefois
quand on ne voyageait qu'à pied; elles font vivre encore
sur toutes nos routes des milliers d'établissements;
mais, en voiture, elles se renouvellent à de trop courts
intervalles; depuis avant-hier seulement, j'ai dépensé
plus de 5 yen, par fractions de 2 sous, pour des tasses
de thé que le plus souvent je ne prends pas, car il

faudrait se changer en tonneau, et du feu dont je ne fais pas usage. »

La montée devenant excessivement rapide, tous les voyageurs sont invités à mettre pied à terre pour traverser la ville, c'est, d'ailleurs, le seul endroit où il en soit ainsi.

Le château de Komoro, sur sa terrasse aux hautes murailles, me rappelle certain donjon du moyen âge dans le midi de la France; le point qu'il occupe serait encore aujourd'hui une position stratégique de premier ordre.

La ville renferme environ 7000 habitants.

En sortant de Komoro, la route s'écarte de plus en plus du Tchikouma-gawa; elle monte graduellement sur les contours de la base de l'Assama-Yama, volcan en activité dont le panache de fumée est en ce moment couché dans la direction de l'Ouest; cette montagne, que nous laissons à notre gauche, ne me semble point aussi élevée que je me l'étais imaginé en la voyant à grande distance; c'est que nous nous trouvons déjà à une altitude de plus de 800 mètres, c'est-à-dire environ au tiers de sa hauteur.

Nous traversons ici une prairie d'aspect sauvage, couverte çà et là de dépôts de matières volcaniques; aussi les villages ne sont-ils plus aussi rapprochés; ce n'est point cependant une solitude comparable à celle qui règne aux abords du Shimidzeu-Toghé, où nous avons eu à faire près de 10 ris loin de toute habitation; ici, on ne se trouve jamais à plus de 4 ou 5 kilomètres d'un petit centre de population.

Ayant traversé les villages de Kamasseu, Hirabara et Matseugoutchi, passé devant deux torii ou portiques, qui indiquent les routes suivies par les pèlerins pour

STATION DE LA NOUVELLE ROUTE PRÈS DE KAROUIZAWA. (D'après une photographie.)

faire l'ascension du volcan, nous arrivons à 10 heures à Oïwaké; c'est ici le point de raccordement du Hokkokoukaïdo, route que nous suivons depuis Kashiwazaki, avec le Nakasendo. Par suite de sa situation à la jonction de ces deux grandes voies de communication, cette localité contient un nombre considérable de vastes auberges; nous y apercevons un poste de police; un officier s'approche de la voiture :

— D'où venez-vous?

— D'Ouéda.

— Tous?

— Oui, tous sans exception.

— Vous m'assurez que personne de vous ne s'est arrêté ni n'a été pris en route et que vous arrivez en ligne directe d'Ouéda?

Chacun de nous répète l'affirmation demandée, et l'officier qui remplit ces désagréables fonctions sanitaires avec la plus grande affabilité, nous déclare que, vu notre réponse, se fiant à nos paroles il juge inutile de nous faire subir une désinfection; si cependant quelqu'un de nous le désirait, le vaporisateur est tout prêt; personne ne s'en soucie.

Les Japonais, d'ordinaire si respectueux de l'autorité, enhardis par les bonnes manières de ce fonctionnaire, échangent avec lui des plaisanteries au sujet du choléra; mon voisin va jusqu'à lui dire :

— Nous sommes tous, comme vous le voyez, joyeux et bien portants, mais il y a certainement un de nos chevaux qui a des coliques, et qui risque de nous faire manquer le train, ne pourriez-vous pas lui insuffler un peu d'acide phénique?

L'officier ne se fâche point :

— Ma consigne n'est point de désinfecter les bêtes,

mais je me ferais un plaisir de vous être agréable si le désinfectant était ma propriété particulière et non celle de l'État.

Réponse concluante et sans réplique.

Passant par les villages de Karidjikou et de Naga-koura, nous arrivons au bout de trois quarts d'heure à Koutseukaké, que l'on peut prendre aussi comme point de départ pour l'ascension de l'Assama-Yama.

Les localités situées à la base de cette montagne passent pour jouir de la température la plus froide de tout le Japon; on ne peut y récolter ni blé, ni riz.

La dernière éruption importante du volcan remonte à l'année 1783; elle coûta la vie à plusieurs centaines de personnes et détruisit complètement un grand nombre de villages. Depuis cette époque on ne signale qu'une pluie de cendres en 1870, mais le volcan ne cesse jamais de fumer et la lave bouillonne constamment au fond de son cratère.

La nouvelle route laisse le village de Karouizawa sur la gauche, pour couper le sommet de la chaîne de montagnes à Nakaozan, environ à trois quarts de ri dans le sud de Toghématchi, où se trouve l'ancienne passe dont l'altitude est un peu plus grande. A mi-chemin entre Koutseukaké et ce dernier point, nous nous arrêtons au bord d'un ruisseau ; c'est ici le relai des voitures, mais il n'y a encore que trois ou quatre habitations sur le bord de la route; je profite de ce temps d'arrêt pour déjeuner; le conducteur ne me paraît pas pressé de repartir; d'après le peu que j'ai compris de sa conversation avec les gens de la maison, il n'y aurait pas de chevaux de rechange.

Enfin on sort de l'écurie deux misérables hari-delles, l'une en bonne santé malgré sa maigreur, l'autre

VUE DE KARASOUGAWA. (D'après une photographie.)

tremblant la fièvre et ayant sur le milieu du dos une énorme plaie encore saignante aux bords déjà rongés par le pus et dans laquelle on pourrait mettre les deux mains; les mouches vertes s'y précipitent; je pense instinctivement à la maladie si terrible du charbon; j'en frissonne, mais les Japonais s'inquiètent peu de pareille chose; je hasarde quelques observations, elles sont inutiles; le conducteur couvre la plaie avec un journal fourni par l'un des voyageurs et attache par dessus un morceau de natte grossière. Nous n'aurons guère qu'à descendre, mais il me semble difficile que la pauvre bête ne reste pas en route.

La Société protectrice des animaux aurait certainement une rude besogne au Japon; le cas que je signale ici n'est pas du tout un fait isolé; dans l'intérieur du pays et même dans les grandes villes, tous les attelages des voitures publiques sont dans un piteux état. Le crin de la plupart des chevaux n'a jamais subi le frottement d'une brosse ni même d'un balai; les harnais ne sont jamais faits sur mesure et tant pis s'ils blessent les endroits où ils portent. Les malheureux chevaux reçoivent beaucoup plus de coups de fouet et plus souvent encore de bâton que de rations de paille, leur principale nourriture; ils doivent être bien vite hors de service, car il n'est pas rare de parcourir par des chemins pierreux et défoncés, même dans les montagnes, plus de 30 kilomètres sans relayer. Quand on a déjà voyagé avec de pareils attelages, il faut avoir perdu toute sensibilité ou bien ne pouvoir s'en dispenser en aucune façon, pour se décider à avoir recours de nouveau à ce moyen de locomotion.

On se demande comment ces chevaux, beaucoup plus petits de taille que les nôtres, mal nourris, mal soignés et par-dessus tout maltraités, peuvent faire un service aussi péni-ble. On a soin, il est vrai, à chaque station, c'est-à-dire plusieurs fois par heure, de leur rafraîchir les pieds et les naseaux; il faut croire que l'eau rem-

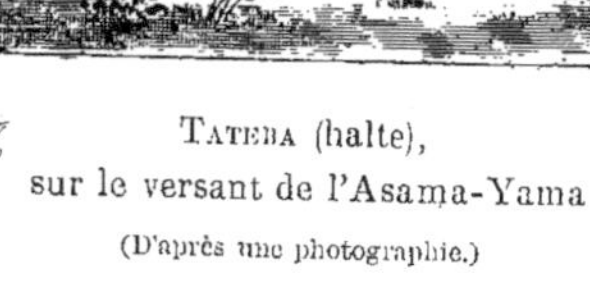

Tateba (halte),
sur le versant de l'Asama-Yama
(D'après une photographie.)

place la brosse ou le bouchon de paille. Au voyage d'aller, après avoir passé le pont de bateaux de Handa, le conduc-teur avait dételé ses bêtes pour leur faire prendre un bain dans le Tonégawa; ici, sur le sommet des montagnes, les chevaux, tout blancs d'écume, ont été, avant de rentrer à l'écurie, précipités à plusieurs reprises dans un petit étang d'eau froide, très profond, et dont ils pouvaient à peine remonter les bords escarpés.

ÉTANG DANS LA MONTAGNE.
(D'après une photographie).

J'ai dit, dans l'un des premiers chapitres de ce récit, que, en partant de Shiboukawa, nous changeons de voiture et *de chevaux;* c'est que l'un n'implique pas nécessairement l'autre. Dans un précédent voyage, j'avais loué un coche à deux chevaux pour aller d'Outseunomiya à Nikko; la route était empierrée partout, à tel point que les voyageurs à pied ou en djinrikishias préféraient passer à travers champs ; j'avais bien insisté pour avoir un relai ; il me paraissait impossible de parcourir 37 kilomètres sur un chemin pareil avec le même attelage ; le conducteur m'avait formellement promis un changement de chevaux, voici comment il s'effectua : l'animal de droite fut passé à gauche et celui de gauche attelé à droite, et le Japonais ajouta : « Vous n'avez rien à réclamer, je vous l'avais promis, j'ai changé les chevaux » ; comme je manifestais mon mécontentement et surtout ma compassion pour ses bêtes, il répliqua : « C'est pour leur bien que j'agis ainsi, voyez vous-même, je frappe beaucoup plus à droite qu'à gauche, celui-ci avait déjà le cuir de la croupe entamé d'un côté, c'est au tour de l'autre de recevoir les coups pour ne pas faire de jaloux. »

Nous atteignons graduellement le sommet de la passe, sans faire beaucoup de contours et, pour ainsi dire, sans nous en apercevoir, les pentes n'étant pas très abruptes sur le versant de l'ouest ; la construction de la voie ferrée venant de Naoetseu ne présentera pas ici de grandes difficultés comparativement à celles des environs de Kashiwabara.

Nous voici à la limite des provinces de Shinshiou et de Djioshiou, nous allons quitter le versant de la mer du Japon pour celui du Pacifique, le bassin du Tchikouma pour celui du Tonégawa.

La route de la descente est en tout semblable à celle de la Shimidzeu-toghé : lacets superposés, collines taillées sur le bord intérieur et précipice continu sur l'autre ; les montagnes sont tout aussi boisées ; mais ce qui forme surtout un contraste frappant, c'est l'animation qui règne sur cette voie, tandis que nous n'avons trouvé que solitude sur celle que nous avons suivie

Sakamoto (D'après une photographie.)

à l'aller; voitures, djinrikishias et charrettes se succèdent presque sans interruption; on trouve à chaque demi-ri des tchiayas, dont trois ou quatre assez vastes peuvent offrir des logements convenables.

ITAHANA.
(D'après une photographie.)

L'ascension de ce côté est, sans doute, beaucoup moins pénible que celle de la passe de Shimidzeu, le trajet me semble aussi plus court, je l'estime à 15 kilomètres au lieu de 20, la hauteur de la passe n'est que d'environ 1 200 mètres au lieu de 1 580; et puis, cette route en escarpements, pleine de détours et de zigzags, n'existe ici que sur un seul côté, tandis que là-bas elle se déploie d'une manière à peu près identique sur les

deux versants, ce qui contribue à la rendre plus fatigante
et plus monotone.

La descente à grande vitesse n'est pas sans danger;
à chaque contour un peu brusque, il y a à craindre une
rencontre, sinon un saut dans le ravin au fond duquel
nous arriverions broyés. Notre conducteur, aidé du
voyageur assis à ses côtés, qui me paraît être beaucoup
plus adroit que lui dans son métier, sait accélérer ou
ralentir notre course suivant les conditions de la route,
le betto court en avant à chaque détour; mais, malgré
cette précaution, peu s'en faut que nous ne causions
un accident : en se garant sur le bord extérieur pour
nous laisser passer, un chariot, chargé de marchandises,
resta à demi suspendu au-dessus du ravin, la moindre
impulsion en avant ou en arrière aurait suffi pour l'y
précipiter; il fallut le soulever et le porter en travers
pour le remettre sur la chaussée; fort heureusement,
le cheval a été d'un calme admirable qui contrastait
avec l'émotion de tous les témoins de cette scène.

Depuis notre départ de Zenkodji, nous rencontrons
le plus souvent, au lieu de charrettes, des chariots à
quatre roues, la plupart chargés de soie ou de déchets
de soie; c'est la seule partie de l'intérieur du Japon où,
jusqu'à présent, j'ai aperçu ce genre de véhicule, qui
dénote un progrès; il s'est formé sans doute ici, en
attendant le prolongement du chemin de fer, des compagnies de transports, organisées à l'européenne, et
dont les affaires doivent prospérer, vu le grand mouvement qui se produit sur cette route.

Je crains de ne pas arriver à temps pour le départ
du train; mais, ce que je redoute le plus, c'est de voir
s'abattre notre cheval de gauche, à la plaie affreuse, qui
marche bien plus par l'impulsion de la voiture traînée

par son compagnon, que de son propre mouvement;
sa chute entraînerait un accident dont, peut-être, personne de nous ne sortirait indemne; à chaque halte,
je voudrais quitter la voiture pour prendre un djinrikishia; malheureusement, pas un seul ne se présente
vide tout le long de la route.

La descente de la passe proprement dite finit à
Sakamoto; de même qu'à Shimidzeu, elle se termine
par des lacets beaucoup plus allongés que ceux de ses
parties hautes; nous apercevons sur la droite, au
sommet de la montagne, d'énormes rochers ayant la
forme de colonnes gigantesques.

Yokogawa se trouve à environ 1 ri au-dessous de
Sakamoto; nous y arrivons par un chemin en pente
douce, le long d'une petite rivière; il est 2 heures, le
train doit partir à 2 h. 40 m.; profitons de cet intervalle
pour compléter notre déjeuner, car je n'ai pris qu'un à
compte au dernier relai, où l'on ne trouvait, d'ailleurs,
aucune provision européenne.

La gare est située à l'extrémité du village, à droite
de la grande route; de chaque côté de l'entrée, s'élèvent
de grandes tchiayas toutes neuves, se faisant une concurrence des plus acharnées, au grand contentement
des voyageurs, qui en profitent. Les Européens de
passage sont rares; cependant, on m'annonce que cinq
ou six résidents de Tokio sont venus chercher l'air frais
et pur des montagnes, à Karouizawa; cette petite localité est destinée à devenir un centre de villégiature;
déjà la spéculation des terrains commence à y prendre
des proportions inusitées.

Je m'entretiens pendant quelques minutes avec les
employés du chemin de fer; la voie s'arrête dans le fond
d'un vallon sans issue apparente, de hautes montagnes

se dressent à droite, à gauche et devant nous; par où
va-t-elle se continuer? Passera-t-on dessus ou dessous?
On m'indique le tracé, à peu près décidé, mais n'ayant
pas encore reçu de commencement d'exécution, car,
ici, comme du côté de Sékigawa, les travaux me paraissent complètement suspendus.

Les ingénieurs japonais ne semblent pas aimer les
tunnels; de Yokogawa, la voie gravira par une série de
courbes, dont l'ensemble forme un S de 25 ou 30 kilomètres de longueur, les pentes au sud de la passe
actuelle; inclinant d'abord à gauche, pour contourner
la montagne de Nakaozan elle se relèvera ensuite sur
la droite, entre Karouizawa et Koutseukaké, puis
reviendra de nouveau vers le sud, et se continuera vers
l'ouest, en passant à peu près à mi-chemin, entre
Iwamourata et Oïwaké. De là, atteignant Komoro, elle
suivra le cours du Tchikouma-gawa jusqu'à Asano, un
peu au-dessus de Zenkodji, passant près des diverses
localités de la route que nous avons parcourue; ensuite
elle obliquera sur la gauche, pour remonter à Mouré
et Kashiwabara, et prendre la vallée du Sékigawa.

Nous voici enfin en wagon, assurés, sauf accident,
d'arriver ce soir à Yokohama; le Nakasendo dessine ici
des courbes plus nombreuses et moins grandes que
celles de la voie ferrée, car nous coupons sur une très
courte distance cinq ou six passages à niveau. Le
chemin est encore en pente douce jusqu'à Itahana, dernière station avant d'arriver à Takasaki; l'inclinaison
diminue graduellement, mais, même au début, les
rampes sont moins fortes que celles entre Araï et
Sékiyama. Comme pour cette dernière localité, la station
de Matseuïda se trouve sur une voie de garage à niveau
où s'engage le train, pour ne pas s'arrêter sur la pente

MATSEUÏDA. (D'après une photographie.)

rapide de la voie principale; c'est ici que descendent les pèlerins se rendant à Mioghi-san. Voici, plus bas, la station d'Issobé, joli petit village qui possède, dit-on, des sources d'eaux minérales; plusieurs hauts fonctionnaires de Tokio s'y font construire des villas.

Sur la gauche c'est Annaka, avec son ancien château fort; l'inclinaison devient moins sensible, nous sommes bientôt dans la plaine. La voie suit à peu près le cours de l'Ousseuï-gawa, qu'il coupe plusieurs fois, mais qui n'est, au début, qu'un torrent au lit rocailleux; nous le traversons une dernière fois avant Takasaki, près d'Itahana, sur un beau pont en fer, à peine terminé.

Nous avons plus d'une heure à attendre pour prendre le train qui partant de Mayebashi à 4 h. 50 m. se dirige sur Tokio; cela me permet de faire une courte promenade en ville, et passant devant le bureau du télégraphe, je profite de l'occasion pour annoncer mon retour au logis.

Takasaki est une ville de garnison, un régiment d'infanterie à la française se trouve aujourd'hui caserné dans son vieux château féodal au sombre aspect; cette ville était autrefois le chef-lieu du ken de Goumma; reléguée aujourd'hui au rang de sous-préfecture, elle a été supplantée par Mayebashi. Bâtie entre le Karasseugawa et l'Ousseuï-gawa, deux rivières qui prennent leur source aux environs de Sakamoto, et, à l'entrée de la grande plaine qui se continue jusqu'au golfe de Yédo, elle est le centre d'un commerce important. Dans ce ken, comme dans celui que nous venons de quitter, c'est la soie qui constitue la principale richesse; mais plus de la moitié de sa superficie, tout le Nord et une partie de l'Est, étant couverte de hautes montagnes, il s'ensuit que l'étendue des terres cultivées est peu considérable.

Voici d'ailleurs la statistique de ce département, moins grand que chacun des deux que nous venons de traverser; il correspond, dans l'ancienne division territoriale à la province de Djoshiou, appelée aussi Kodzeuké :

Au 31 décembre 1884, la population totale de ce ken était de 625 406 habitants. Ses villes principales sont : Mayebahsi, le chef-lieu (18 333 hab.); puis Takasaki (15 637 hab.); ensuite Tattebayashi, qui possède un ancien château fort; Shimmatchi, Kiriou, etc..., toutes contenant d'importantes filatures de soie; il est question de relier Mayebashi à la grande ligne du Nord-Est, par une voie qui traversant le riche district de Kiriou se raccorderait à la station d'Oyama, entre Omiya et Outseunomiya.

Le département est divisé en dix-sept arrondissements administratifs, occupant 643 fonctionnaires de toutes classes; la police est faite par 372 officiers ou agents relevant de 29 stations; l'instruction est donnée dans 598 écoles publiques; il y a 8 hôpitaux et 4 prisons; la poste y compte 89 bureaux, le télégraphe, 7. Le siège du tribunal de première instance est à Mayebashi.

Le total des impôts de toute nature perçus pendant l'année s'élevait à yen : 1 297 691.31.

Le nombre des maisons de commerce se répartissait comme suit, pour les principales spécialités :

Soies grèges.	7 641
Soies ouvrées	1 654
Saké.	4 107
Céréales	1 900

Passage de Issobé. Province de Djoshiou.
(D'après une photographie.)

Parmi les établissements de crédit les plus importants, il faut citer la trente-neuvième banque nationale,
au capital de 350 000 yen avec une émission de 280 000
en billets, ayant son siège à Mayebashi; la quarantième
avec 150 000 yen de capital et 120 000 d'émission à Tat-
tébayashi; il y a aussi plusieurs banques privées.

Je remarque, dans les relevés de l'agriculture, dix
pâturages occupant une superficie de 580 tchios, sur
lesquels se trouvaient alors 235 bœufs et 236 chevaux. Les champs cultivés couvraient 98 100 tchios,
dont 28 950 en rizières; les forêts 35 201. La récolte de
riz avait réalisé 330 507 yen. Enfin voici les chiffres
des autres produits pour la même année.

Cocons	138 376 kokous.
Soies.	114 757 kwammès.
Cartons de graines de vers	
à soie.	147 194 feuilles.
Thé.	6 083 kwammès.

L'industrie du saké comptait 471 distilleries; quant
à celle de la soie, il m'a été impossible d'obtenir un
relevé des filatures dont le nombre s'accroît, pour ainsi
dire, chaque jour; les compagnies qui s'occupent spécialement de cet article sont au nombre de quarante et
une, possédant ensemble un capital de 1 485 396 yen.

C'est dans les environs de Takasaki que se trouve la
filature de Tomioka, installée, en 1872, pour le compte
du gouvernement japonais, par un Français, M. Bru-
nat; le directeur avait amené de France deux contre-
maîtres et plusieurs fileuses; aujourd'hui, il ne reste
plus un seul étranger dans cet établissement, qui
emploie environ quatre cents ouvrières, et produit

annuellement 3 600 kwammés de soie de première qualité.

Le ken de Goumma est un des plus riches en eaux minérales; on y compte quarante-neuf sources thermales et trente-deux sources froides; par contre, les mines en exploitation y sont en très petit nombre.

Je rencontre, à la gare de Takasaki, le premier visage européen aperçu depuis mon départ de Yokohama (il y a douze jours aujourd'hui); un résident qui vient de suivre un traitement aux eaux sulfureuses de Kousatseu.

Le train se met en route; nous sommes poursuivis, pendant la moitié du trajet, par un violent orage de tonnerre et de pluie, qui finit par rester derrière nous.

A la gare d'Akabané, nous descendons de wagon pour prendre le chemin de fer de ceinture qui correspond à Shinagawa avec la ligne de Tokio à Yokohama; cette dernière appartient à l'État; les autres au-delà de la capitale, sont la propriété de compagnies particulières qui ne délivrent pas encore de billets pour les correspondances en dehors de leurs réseaux; il nous faut donc, en changeant encore de voiture, passer de nouveau au guichet.

Afin de mieux étudier le pays et ses habitants, je préfère voyager en troisième classe; ces wagons, d'ailleurs, divisés en petits compartiments, sont très proprement entretenus sur les lignes des compagnies, tandis qu'ils ne sont guère moins sales que des parcs à bestiaux sur celles du gouvernement; c'est pour cette seule raison que je prends les secondes d'ici à Yokohama.

Sur les lignes des compagnies particulières les tarifs sont sensiblement plus réduits que sur celles de l'État; de plus, ces compagnies font ici une petite faveur : partant de l'une des sections pour retourner vers Tokio, le prix des places est le même, que l'on descende à la gare d'Ouéno ou à celles de Shinagawa ou de Shinbashi, quoique la différence des parcours soit relativement assez importante; en agissant ainsi, les compagnies ont sans doute envie d'engager les voyageurs à donner la préférence au chemin de fer de ceinture, au lieu de continuer sur la gare d'Ouéno, où ils pourraient prendre, à leur choix, des djinrikishias, des voitures ou les tramways (ce qui occasionnerait une petite dépense supplémentaire) pour la traversée de la grande ville.

Mes compagnons de route ne peuvent me donner aucun renseignement sur les événements qui ont eu lieu durant mon absence; tout ce que je parviens à apprendre, c'est que l'épidémie de choléra est en décroissance à Tokio, ainsi qu'à Yokohama, où tout est déjà endormi lorsque nous arrivons.

APPENDICE

CONVERSION DES MESURES JAPONAISES EN MESURES FRANÇAISES

MONNAIES

TABLEAU DES DISTANCES PARCOURUES

LEXIQUE ET NOTES DIVERSES

TABLEAU DES MESURES JAPONAISES

COMPARÉES AUX MESURES FRANÇAISES

1° Mesures de longueur.

1 djio	= 10 shiakous	= 3 mètres	030 303 030
1 shiakou (pied)	= 10 seuns	= 0 »	303 030 303
1 seun (pouce)	= 10 bous	= 0 »	030 303 030
1 bou	= 10 rins	= 0 »	003 030 303
1 rin	= 10 mo	= 0 »	000 303 030
1 mo	= 10 shi	= 0 »	000 030 303
1 shi	=	= 0 »	000 003 030

2° Mesures itinéraires.

1 ri	= 36 tchios	= 3 927 mètres	272 727
1 tchio	= 60 ken	= 109 »	090 909
1 ken	= 6 shiakous	= 1 »	818 181

Il en est du ri au Japon comme de la lieue chez nous; dans
l'intérieur, il atteint jusqu'à 54 tchios (5 890ᵐ 90), de même que la
lieue de poste, en France, se change en lieue de pays quand on
s'écarte des grandes routes.

3° Mesures agraires et de superficie.

1 tchio = 10 tans	= 3 000 tsoubos	= 99 ares	173 553
1 tan = 10 sé	= 300 »	= 9 »	917 355
1 sé =	30 »	= 99 mètres carrés	173 553
1 'Hô =	1 tsoubo	= 3 »	305 785

Le tsoubo est un carré ayant exactement 1 ken de côté.

4° **Mesures de capacité.**

1 kokou	= 10 tôs	= 180 litres 39 068	
1 to	= 10 shios	= 18 » 03 906	
1 shio	= 10 gos	= 1 » 80 390	
1 go	= 10 shiakous =	0 » 18 039	
1 shiakou =		0 » 01 803	

Poids.

1 kwammé ou kammé = 1 000 mommé = 3 kil. 756 gr. 521 7			
1 Hiyakoumé	= 100 »	=	375 » 652 17
1 mommé	= 10 foun	=	3 » 756 521 7
1 foun	= 10 rin	=	0 » 375 652 17
1 rin	= 10 mo	=	0 » 037 565 217
1 mo	= 10 shi	=	0 » 003 756 521 7
1 shi		=	0 » 00 037 565 217

Hiakkou-kin = 100 livres = 60 kil. 104 gr. 347 2

1 kin = 1 livre = 0 » 601 » 043 472

1 kokou = 40 kwammé ou kammé = 250 kin = 150 kil. 260 gr. 868

Monnaies.

L'unité de monnaie au Japon est le *yen*, équivalant à la piastre mexicaine, qui correspond actuellement à 4 fr. 20 cent. Les monnaies d'or ont complètement disparu de la circulation; celles d'argent, assez abondantes dans les ports ouverts, se rencontrent rarement dans l'intérieur; le papier, plus commode en voyage, est surtout le principal moyen d'échange : sa valeur en ce moment est la même que celle de l'argent qui faisait prime autrefois :

Monnaies d'argent :			*Monnaies de cuivre :*		
Pièces	de	1 yen	Pièces	de	2 sen
»	»	50 sen	»	»	1 » (*)
»	»	20 »	»	»	5 rin ou demi-sen.
»	»	10 »	»	»	2 »
»	»	5 » (rares)	»	»	1 » (**)

(*) La centième partie du yen, de même que 1 centime est la centième partie de la piastre.
(**) Dixième partie du sen.

Toutes frappées par la Monnaie d'Osaka, et à l'européenne.

On trouve encore, en circulation, comme vieilles monnaies de billon : le *témpo*, de forme ovale, ayant un trou carré dans son milieu, et valant 8 rins (y : 0 008); les *sapèques rondes* avec un trou au milieu également, valant 10, 15 et 20 mons, soit en yen 0 0010; 0 0015; 0 0020; le mon étant la centième partie du sen, soit la dix-millième du yen.

Papier-monnaie.

Il existe :

Des billets de	100 yen	Des billets de	2 yen
»	50 »	»	1 »
»	20 »	Et des coupures de	50 sen
»	10 »	»	20 »
»	5 »	»	10 »

En voyage il ne convient d'emporter des billets de 10 et 5 yen que si l'on doit séjourner longtemps dans le même endroit; encore ne faut-il pas que ce soit dans un village. Le meilleur est de se munir de billets d'un yen et de petite monnaie; dans les campagnes, il est souvent plus que difficile d'obtenir le change d'un yen.

Nota. — Le signe que l'on rencontre devant quelques chiffres dans le cours de ce volume indique la piastre mexicaine; la lettre *y* est une abréviation pour le mot yen. Les deux monnaies ayant actuellement la même valeur, les deux signes ont été employés indistinctement l'un pour l'autre.

TABLEAU DES DISTANCES PARCOURUES

1° De Yokohama à Niigata par la Shimidzeu-Toghé.

STATIONS OU LOCALITÉS	DISTANCE D'UNE LOCALITÉ A LA PRÉCÉDENTE		
	Ris.	*Tchios.*	*Ken.*
Yokohama (gare)	»	»	»
Shimbashi (id.) Tokio	7	14	»
Ouéno (id.) id.	1	10	» (a)
Mayebashi (id.)	28	»	»
— (ville)	0	23	» (a)
Tagoutchi	1	33	05
Shiboukawa	2	18	» (a)
Youbisso	12	03	05
Shirakappa	4	15	41
Kokkaï	1	12	20
Shimidzeu	4	21	45
Nagasaki	2	11	»
Sabouro-marou	0	31	08
Mouika-Matchi	0	30	15
Itseuka-Matchi	1	25	17
Ouragawa	1	15	23
Hori-no-outchi	2	22	»
Kawagoutchi	2	02	17

A reporter. . . . 76 ris 05 tchios 16 ken

(a) Approximativement; les autres chiffres sont officiels.

Report. . .	76 ris 05 tchios 16 ken.		
Mioken.	3	02	29
Nagaoka.	3	03	21
Zoo-moura.	0	18	» (a)
Niigata (par le fleuve, les eaux basses, 2 ou 3 ris de plus qu'avec les eaux hautes).	25	»	» (a)
Total. . . .	107 ris 29 tchios 06 ken.		

2° Excursion à Niitseu.

Niigata.			»
Ono.	2	21	47
Sakaya.	1	21	35
Niitseu.	2	14	34
Puits à pétrole.	0	30	» (a)
Total. . . .	7 ris 18 tchios 56 ken.		

3° De Niigata à Yokohama par l'Ousseuï-Toghé.

Niigata.	»	»	»
Yokita (par le fleuve, les eaux hautes).	20	00	00 (a)
Miyamoto.	3	20	» (a)
Mio-hodji.	2	24	»
Kashiwazaki.	3	24	14
Omigawa.	1	33	28
Hassaki.	1	25	13
Kakizaki.	1	22	01
Katamatchi.	1	33	»
Kouroï.	1	27	48
Naoetseu.	1	01	38
Sekiyama (chemin de fer).	7	14	» (a)
Sékigawa.	2	25	49
Nodjiri.	0	26	58
Kashiwabara.	0	34	33
Ofourouma.	0	07	45
Mouré.	1	25	29
A reporter. . . .	53 ris 21 tchios 56 ken.		

	ris	tchios	ken
Report. . .	53 ris	21 tchios	56 ken.
Aramatchi.	2	19	47
Zenkodji.	1	06	30
Tambadjima.	1	13	50
Shinonoï.	2	01	18
Yashiro.	0	29	27
Shimo Tokoura.	1	23	04
Sakaki.	1	09	07
Ouéda.	3	00	38
Tanaka.	2	17	58
Komoro.	2	13	12
Oïwaké	3	05	23
Koutseukaké.	1	03	57
Karouïzawa (passe).	1	09	09
Sakamoto.	2	31	54
Yokogawa (gare).	0	30	» (a)
Takasaki (id.).	7	14	» (a)
Akabané (id.).	23	10	» (a)
Shinagawa (id.).	5	12	» (a)
Yokohama (id.).	6	02	»
Total. . . .	123 ris	33 tchios	10 ken.

RÉCAPITULATION

	ris	tchios	ken
De Yokohama à Niigata	107	29	06
De Niigata à Niitseu et retour.	15	01	52
De Niigata à Yokohama.	123	33	10
Total des distances parcourues.	246 ris	28 tchios	08 ken.

Soit environ 969 kilomètres, dont 333 en chemin de fer.

La mesure japonaise, le *ri*, ayant été conservée jusqu'à ce jour pour les routes, les distances parcourues en voiture, en djinriki ou à pied, ont été relevées autant que possible sur les bornes miliaires ou sur les cartes indigènes; le mille anglais, par esprit d'imitation sans doute, est adopté pour les chemins de fer au Japon : les trajets par voies ferrées ont été, en conséquence, convertis en ris en comptant le mille (*statute mile*) à 1 609 mètres.

LEXIQUE

DES MOTS JAPONAIS CITÉS DANS CE VOLUME.

Bashia ou *Basha*. Voiture (à chevaux).
Betto. Palefrenier courant en avant des chevaux ou à côté.
Bon. Plateau (en laque, en bois, etc.).
Bou. (Voir au tableau des Poids et Mesures).
Boutseu. Bouddha.

Daï. Grand.
Daï. Table, plateau.
Daimiyo. Seigneur féodal.
Djin. Homme.
Djinrikishia ou *djinrikisha*. Voiture à bras (djin, homme; riki, force de bras; shia, voiture).
Djio. (Voir aux poids et mesures.)

Founé. Bateau.
Foun. (Voir aux poids et mesures.)
F'ton. Matelas, le plus souvent en coton; sert aussi de couverture.

Gueishia ou *Gueisha*. Chanteuse.

Hama. Rivage, plage.
Hara (dans les mots composés *Bara*). Plaine, plateau dans les montagnes.
Hatagoya. Auberge.

Hatago. Note d'hôtel.
'Hi. Feu.
'Higashi. Est, Levant, Orient.
Hibatchi. Brasier.
'Ho. (Voir aux mesures agraires.)
Hori (dans les mots composés *Bori*). Canal, fossé.

Ito. Fil, ficelle.

Kaïshia ou *Kwaïsha.* Compagnie, association.
Kami. Haut, supérieur (par opposition à Shimo).
Karouï. Léger.
Kassa. Parapluie, ombrelle.
Kawa (dans les mots composés *gawa*). Cours d'eau, rivière, fleuve.
Ken. Département, préfecture.
Ken. (Voir aux mesures de longueur.)
Kentchio ou *Kentcho.* Préfecture (hôtel ou bureaux de la).
Kéraï. Sujet, vassal.
Keyaki. Sorte d'arbre, à très beau bois.
Kita. Nord.
Kokkaï. Limite de province.
Kourouma. Roue, voiture, charrette, djinriki, machine tournante quelconque.
Koutseu. Souliers.
Koutchi (dans les mots composés *gautchi*). Bouche, embouchure; issue.
Kouroï. Noir.
Kokou. Province.
Kokou. (Voir aux poids et mesures.)
Kwammé ou *Kammé.* (Id.)

Mamé. Pois, haricots.
Mago. Conducteur de cheval.
M'mia. Cheval.
Matchi. Ville, bourg, rue.
Matseu. Pin.
Miya. Temple shintoïste, chapelle.

Mo. (Voir aux poids et mesures.)
Mommé.   (Id.)
Motchi. Pâte de farine de riz.
Moto. Base, commencement, origine.
Moura. Village.
Mousmé ou *Mouscumé.* Fille.
Midzeu. Eau.
Minami. Sud.

Nishi. Ouest, couchant, occident.

Ringo. Pomme.
Ri. Lieue.
Rin. (Voir les poids, mesures et monnaies.)

Saka. Pente.
Saké. Eau-de-vie de riz.
Saki (dans les mots composés *zaki*). Cap, pointe, promontoire.
San ou *zan* (en terminaison). Montagne.
Saibanshio ou *Saibansho.* Tribunal.
Samouraï. Homme à deux sabres; ancienne classe militaire.
Sé. (Voir aux poids et mesures.)
Seun   (Id.)
Shi.   (Id.)
Shiakou.   (Id.)
Shio.   (Id.)
Shiamissen ou *Shamissen* ou *Samissen.* Guitare à 3 cordes.
Shima (dans les mots composés *djima*). Ile, îlot.
Shimo. Bas, inférieur (par opposition à kami).
Shiro. Château, résidence du Daïmiyo.
Shiroï. Blanc.

Tabako. Tabac.
Tabako-bon. Petite boîte ou plateau contenant un hibatchi pour allumer les pipes, et un tube en bambou pour les vider.
Taki. Cascade, chute ou jet d'eau.
Tan. (Voir aux mesures agraires.)
Tatami. Natte rembourrée de paille.

Tattéba. Maison de halte, hutte, tente.
Téra. Temple bouddhiste.
Tchaya ou *Tchiaya.* Maison de thé.
Tchiadaï ou *Tchadaï.* Pourboire.
Tchidjimi. Etoffe crêpée.
Tchikara. Force, vigueur.
Tchio. (Voir aux mesures.)
Toghé. Passe, col de montagne.
Torii. Portique.
Toro. Lanterne fixe (en pierre ou en métal).
Tsoubo. (Voir aux mesures.)

Yama. Montagne, colline.
Yadoya. Hôtel.
You. Eau chaude.
Yousen. Bateau à vapeur.
Yoko. En travers.

Waradgi. Sandale en paille tressée.

Noms propres.

Hoh-Kokou-Kaïdo. Route des provinces du Nord.
Naka-sen-do. Route des montagnes du Centre.
Tokaïdo. Route de la mer de l'Est.
Nippon. Archipel du Japon; expression improprement employée quelquefois pour désigner la grande Ile ou Hondo.
Mikouni-Toghé. Passe de montagne sur la limite de trois provinces.
Hakoné. Chaîne de montagnes à la limite ouest du Ken de Kanagawa.
Ashino-you. Station thermale du district d'Hakoné (litt. eau chaude des roseaux).

REMARQUES SUR LA PRONONCIATION

Il est impossible de conserver à une langue orientale la véritable prononciation de ses syllabes en les écrivant à l'aide des caractères latins; j'ai écrit Outseunomiya, Shimidzeu, Niitseu, Midzeu, Koutsou, etc..., au lieu de me conformer à l'orthographe établie par l'usage et d'après laquelle j'aurais dû écrire Outsounomiya, Shimidzou, Niitsou, Midzou, Koutsou, ou bien Utsunomiya, Shimidzu, Midzu, etc., l'*u* conservant, dans ce dernier cas, sa valeur latine; mais, dans tous les mots de ce genre, la diphthongue *ou* ou *eu*, se trouvant éliminée à peu près entièrement dans la prononciation, le son perçu par l'oreille tient tout autant de l'*e* muet que de *eù* bref ou de *où*; souvent même à peine perçoit-on l's ou le *z* à la suite du *d* ou du *t*; j'aurais peut-être tout aussi bien fait d'adopter l'e muet.

En règle générale, dans les mots japonais, l's ne prend jamais le son du *z*, pas plus que l'*e* écrit sans accent celui de l'*a* ou l'*i* celui de l'*é*; ces deux voyelles conservent toujours leurs sons propres comme dans les mots français été, mine.

Sh équivaut à *ch* dans notre langue.

TABLE DES GRAVURES

TABLE DES MATIÈRES

CHAPITRE IV

CHAPITRE V

CHAPITRE VI

CHAPITRE VII

PARIS. — IMPRIMERIE ALCIDE PICARD ET KAAN. 589. D. S. P.